TONY HALL

ROSEN

Haupt
NATUR

Royal Botanic Gardens Kew

TONY HALL

ROSEN

PFLANZEN, PFLEGEN, VERMEHREN

mit 78 Arten- und Sortenporträts

Haupt Verlag

Inhalt

Rosen kultivieren – eine Einführung

WERTVOLLE ROSEN

Rosen zählen zu den bekanntesten Blühpflanzen im Garten, und ihr Duft ist untrennbar mit dem Gedanken an warme Sommertage verbunden. Wegen der großen Farben- und Formenvielfalt wird die Rose oft als Königin der Blumen bezeichnet. Rosen gedeihen auf den verschiedensten Böden, tolerieren unterschiedliche klimatische Bedingungen und vertragen sogar ein gewisses Maß an Vernachlässigung. Gute Pflege danken sie allerdings mit einer reichen Blüte, oft bis zum Ende der Vegetationsperiode. Danach werfen sie die Blätter ab und legen eine Ruhepause ein, um Energie für das nächste Jahr zu sammeln. In Jahren oder Gebieten ohne Frost können sie fast das ganze Jahr über blühen.

Rosen gibt es in zahlreichen Wuchsformen: von den niedrigen, breitwüchsigen Bodendeckern mit meist kleinen Blüten bis zu großen, aufrechten Strauchrosen. Teehybriden tragen große Einzelblüten an langen Stielen. Strauch- und Wildrosen bieten mit ihren vielfältigen Formen über Monate etwas fürs Auge, und viele tragen am Ende der Saison dekorative Früchte. Englische Rosen (häufig auch David-Austin-Rosen genannt) tragen bildschöne, oft üppig gefüllte Blüten mit nostalgischem Flair. Sie blühen mehrmals und verwöhnen mit ihrem herrlichen Duft.

Kletterrosen und Rambler-Rosen zählen zu meinen persönlichen Favoriten. Besonders wertvoll sind sie vor allem für oft eher unterschätzte Gartenbereiche (siehe «Rosen für ungeschützte Standorte», Seite 76, und «Rosen für schattige Standorte», Seite 54). Diese besitzen viele Merkmale der bereits genannten Rosen – Farbe, Duft und wiederholte Blüte – und können außerdem an Zäunen und Wänden, Obelisken, Bögen oder Pergolen gezogen werden (siehe «Rosen am Wandspalier», Seite 100). Besonders hoch wachsende Rosen können sogar Baumkronen erobern und im Sommer wahre Blütenwolken in der Höhe bilden.

Eine Hochstammrose wächst auf einem einzelnen Stamm und trägt eine Krone aus blühenden Zweigen; sie sieht also aus wie ein kleines Bäumchen. Solche Rosen eignen sich hervorragend als Blickfang in einem Beet mit niedrigeren Blumen. Man kann

LINKS: 'Cerise Bouquet' ist eine große Strauchrose, die im Frühsommer blüht.

sie aber auch in einen Kübel pflanzen, um sie bei Bedarf umzustellen (siehe «Rosen im Kübel ziehen», Seite 122). Unterpflanzt man Hochstammrosen mit einjährigen Saisonpflanzen oder niedrigen, herabhängenden Blumen, ergibt sich immer wieder ein neues Bild (siehe auch «Erziehung zum Hochstamm», Seite 92).

Rosen bestechen nicht nur mit ihrer großen Farbpalette, sondern auch mit ihren Düften, deren Bandbreite von fruchtig über moschusartig bis süß reicht und viele Nuancen aufweist. Sie bereichern den Garten den ganzen Sommer lang mit Duft und Farbe. Zudem sind sie vielseitig und eignen sich für die verschiedensten Standortbedingungen. Man kann sie dauerhaft ins Beet pflanzen, wo sie bei guter Pflege durchaus zwanzig oder dreißig Jahre alt werden können. Ebenso ist es möglich, sie in Kübeln als Terrassenpflanzen zu halten (siehe «Rosen im Kübel ziehen», Seite 122).

Weltweit werden Rosen auch für den Schnittblumenhandel kultiviert. Allein in den USA werden nur für den Valentinstag jedes Jahr schätzungsweise 250 Millionen Rosen produziert. Die ätherischen Öle aus den Blütenblättern von *Rosa × alba*, *R. × damascena*, *R. gallica* und anderen sind begehrte Rohstoffe für die Parfümindustrie, und Rosenwasser oder -sirup werden zum Aromatisieren von Lebensmitteln verwendet (siehe «Blütenblätter konservieren», Seite 114).

Wer duftende, für den Schnitt geeignete Rosen im Garten hat, wird an den eigenen Sträußen länger Freude haben als an gekaufter Ware. Schneiden Sie die Rosen, wenn sich die Knospen gerade zu öffnen beginnen, und streifen Sie alle Blätter ab, die im Wasser stehen würden. Wenn Sie dann die Stielenden schräg anschneiden, damit sie nicht flach auf dem Vasenboden aufliegen, können die Rosen bis zu zehn Tage halten.

GESCHICHTLICHER HINTERGRUND

Schon seit der griechischen Antike werden Rosen als Gartenpflanzen geschätzt. Tatsächlich sind sie aber noch wesentlich älter. In Oregon und Montana hat man Fossilien aus dem Oligozän gefunden, die etwa 35 Millionen Jahre alt sind. Seit Jahrtausenden ist die Rose eine feste Größe im Gartenbau. In China werden Rosen seit vielen Jahrhunderten kultiviert. In den Schriften des chinesischen Philosophen Konfuzius (ca. 551–479 v. Chr.) finden sich Beschreibungen der Rosen in den kaiserlichen Gärten von Peking.

Auch Rosenöl und Rosenparfüm werden seit Jahrhunderten verwendet. Im 9. Jahrhundert v. Chr. verfasste der griechische Dichter Homer die *Ilias*. In diesem Epos wird der trojanische Heerführer Hektor, der von Achilles getötet wurde, vor seiner Beisetzung mit Rosenöl gesalbt. Und Shakespeare ließ in seinem Drama *Antonius und Kleopatra* die ägyptische Herrscherin ihre Räumlichkeiten mit Rosenblättern auslegen, um Marcus Antonius zu verführen. Er sollte sie für immer mit dem Rosenduft verbinden.

Bevor die Menschen begannen, Rosen zu kultivieren, gab es nur die Wildformen (siehe Seite 13). Auf der nördlichen Erdhalbkugel kommen zwar über hundert verschiedene Wildrosen vor, die meisten stammen jedoch aus China. (Es gibt keine Wildrosen, die auf der südlichen Halbkugel heimisch sind.) Schon in der Antike wurden in China durch Selektion und Hybridisierung Rosensorten entwickelt. Dann fanden sie ihren Weg nach Europa, wo sie im 19. Jahrhundert mit dort heimi-

Die gelben Blüten der 'Graham Thomas' fügen sich in fast alle Farbkombinationen ein.

schen Rosen gekreuzt wurden. So entstanden die zahlreichen Rosensorten, die wir heute kennen.

Von diesen alten Gartenrosen sind viele bis heute erhalten. Eine davon ist *R. gallica* 'Officinalis'. Später folgten die modernen Rosen, von denen viele von französischen Züchtern entwickelt wurden. Eine der Ersten war die Teehybride 'La France' aus dem Jahr 1867. Vermutlich handelt es sich dabei um eine Zufallskreuzung zwischen 'Madame Bravy' (einer Teerose) und 'Madame Victor Verdier' (einer französischen Remontantrose). Bald darauf wurden durch Kreuzbestäubung ausgewählter Elternsorten zahlreiche Teehybriden gezüchtet. Aus Sports – natürlich auftretenden Mutationen mit charakteristischem Wuchs – dieser neuen Rosen entstanden zahlreiche Kletterrosen, sodass die Vielfalt sich noch vergrößerte.

In den 1930er-Jahren entstanden durch Kreuzung von Chinarosen und Polyantha-Rosen die Zwerg- und Bodendeckerrosen. In der zweiten Hälfte des 20. Jahrhunderts wurden überall in Europa – vor allem in England, Frankreich, Deutschland, den Niederlanden und Belgien –, aber auch in Südaustralien Hunderte neuer Rosensorten gezüchtet. Auch in Amerika entstanden über mehrere Jahrzehnte aufregende neue Sorten. Heute konzentrieren sich die Züchter auf Resistenz gegen Krankheiten und bringen immer neue, gesündere, öfter blühende, duftende Rosen in vielen Farben und Formen hervor.

ROSEN IM GARTEN

Weil die Vielfalt der Rosen so riesig ist, werden in diesem Buch hauptsächlich beliebte und interessante Rosen vorgestellt (siehe «Arten und Sorten», Seite 32–135). Die Bandbreite reicht von Bodendeckerrosen über solche, die gut in Kübeln gedeihen oder als Hecke gepflanzt werden können, bis zu Kletterrosen und Rambler-Rosen. Alle sind in gut sortierten Gärtnereien oder Rosenschulen erhältlich (siehe auch «Rosen im Kübel ziehen», Seite 122, und «Eine Rosenhecke pflanzen», Seite 130).

Die große Auswahl ist ein Grund dafür, dass Rosen im Garten so vielseitig eingesetzt werden können. Als Farbakzent in gemischten Beeten kann man niedrigere, kompakte Strauchrosen in den Vordergrund pflanzen, während hohe, standfeste Strauchrosen oder Hochstämmchen dem Beethintergrund Struktur verleihen (siehe «Rosen in gemischten Beeten», Seite 38).

Kletterrosen und Rambler-Rosen können an Obelisken und ähnlichen Stützen wachsen, aber auch an Drähten oder einem Spalier im Hintergrund eines Beets, und den Blick in die Höhe lenken. Rosen in

Wie die Blüten vieler anderer Rosen verändern auch die Blüten von 'Princess Anne' im Lauf der Reifung ihre Farbe.

Kübeln kann man zur Hochblüte auf die Terrasse stellen, um sich an ihrem Duft und ihrer Farbe zu erfreuen, und zu anderen Zeiten an einen weniger auffälligen Platz rücken.

Um sich möglichst lange an der Rosenblüte zu erfreuen, ist es ratsam, öfter blühende Rosen zu wählen, die zu verschiedenen Zeiten blühen. Die Farbpalette ist so groß, dass sich immer Arten und Sorten finden lassen, die zu ihren Begleitpflanzen passen.

Rosenbegleiter

Rosen vertragen sich in gemischten Beeten ausgesprochen gut mit mehrjährigen Stauden, und sie können auch eine Strauchpflanzung optisch aufwerten (siehe auch «Rosen in gemischten Beeten», Seite 38). Wichtig ist es, dass die Begleitpflanzen nicht zu dominant sind, damit sie die Rosen nicht bedrängen. Sie sollen die Rosen unterstützen, nicht mit ihnen konkurrieren. Die Rosen profitieren auf jeden Fall davon, wenn das gesamte Beet bewässert und gemulcht wird.

Ein geschickt angelegtes gemischtes Beet hat eine lange Blühsaison. Rosen spielen darin eine wichtige Rolle, weil sie über viele Wochen immer neue Blüten bilden. Man kann ihre Wuchsformen gezielt einsetzen, um sie mit ihren Begleitpflanzen harmonieren zu lassen oder auch Kontraste zu schaffen und so das Beet noch abwechslungsreicher zu gestalten. Sehr dekorativ ist die Kombination von roten Strauchrosen mit blau blühendem Salbei und Katzenminze. Hellrosa Rosen harmonieren wunderbar mit hellerem Blau (Lavendel ist ein Klassiker) und graulaubigen Pflanzen. Das Gelbgrün von Wolfsmilch und Weichem Frauenmantel passt ausgezeichnet zu Rosen in kräftigerem Rosa. Geranien sind ein guter

Rosenbegleiter und in vielen Höhen und Farben erhältlich. Frühe Zwiebelblumen bringen Farbe ins Beet, bevor die Rosen austreiben, und später blühende Zwiebeln können die Rosenblüte ergänzen. Stauden wie Glockenblumen, Katzenminze, Bartfaden und Perowskien bilden reizvolle Kontraste.

Kletterrosen können mit Rambler-Rosen oder Waldreben kombiniert werden, um die Blütezeit zu verlängern. Zu höheren Strauchrosen passen auch höhere Begleitpflanzen.

Wildrosen

Es lohnt sich, im Garten einen Platz für Wildrosen zu finden, von denen viele ebenso wertvoll sind wie die kultivierten Formen. In einem etwas wilderen Gartenbereich kann man sie sich fast selbst überlassen (siehe «Rosen für ungeschützte Standorte», Seite 76, und «Rosen für schattige Standorte», Seite 54).

Es gibt vermutlich etwa 100 bis 150 Wildrosenarten. Die meisten haben Blüten in Weiß oder Rosa, aber auch Rottöne kommen vor, beispielsweise die blutroten Blüten der Mandarin-Rose *(R. moyesii)*. Arten mit gelben Blüten sind am seltensten. Wie viele Wildpflanzen können Wildrosen in Form und Farbe variieren. Ein gutes Beispiel ist die Hunds-Rose *(R. canina)*, deren Blütenfarbe von Pink über Rosa bis Weiß variieren kann.

Alle Wildrosen haben Blüten mit fünf Kronblättern und auffälligen Staubgefäßen in der Mitte. In Blütengröße, Farbe und Duft unterscheiden sie sich. Viele eignen sich gut für den Garten und können auch neben den modernen Sorten bestehen. Beliebte Wildrosen für den Garten sind beispielsweise *R. banksiae*, *R. glauca* und *R. rugosa*. Sie punkten auch in Bezug auf die Umwelt, denn Bienen und andere Insekten können wegen der offenen, ungefüllten Blüten leicht an den Pollen gelangen. Dicht gefüllte Rosen machen Insekten den Zugang zum Pollen schwer oder sogar unmöglich.

GÄRTNERISCHE EINTEILUNG VON ROSEN

Aus Wildrosen und alten Gartenrosen wurden durch Selektion und Kreuzung viele Zuchtformen entwickelt, und noch immer bringen Züchter jedes Jahr neue moderne Rosen mit klangvollen Namen auf den Markt. Sie alle sind aber letztlich Abkömmlinge von einer relativ geringen Anzahl von Wildrosen aus aller Welt. *Rosa chinensis*, *R. fedtschenkoana*, *R. foetida*, *R. gallica*, *R. moschata* und *R. multiflora* sind die Vorfahren der meisten heute kultivierten Rosen.

Die Einordnung erfolgt oft aufgrund der Wuchsform (z. B. Kletterrosen, Bodendeckerrosen, Strauchrosen) oder des Blühverhaltens. Alba-, Boursault-, Damaszener-, Gallica- und Moosrosen sowie Zentifolien blühen nur einmal in der Saison, während Bourbon-, China-, Remontant-, Noisette-, Portland- und Teerosen öfter blühen. Diese Rosen werden allgemein als alte Rosen bezeichnet. Zu ihnen gehören sowohl die alten asiatischen als auch die alten europäischen Rosen.

Durch Kreuzungen zwischen europäischen Portlandrosen und asiatischen Chinarosen sind die Remontantrosen entstanden. Diese haben ihre Wuchskraft und Kältetoleranz durch Kreuzungen mit den frostempfindlicheren Teerosen an die Teehybriden weitergegeben.

Zu den bekanntesten Vertretern gehören Kletterrosen, Englische Rosen, Floribunda-, Grandiflora- und Bodendeckerrosen, Moschushybriden, Teehybriden, Zwergrosen, Patiorosen, Rambler-Rosen und Strauchrosen.

Kletterrosen
Im Grunde handelt es sich hierbei um öfter blühende, wüchsige Strauchrosen mit langen, geschmeidigen Trieben, die man an verschiedenen Stützen in die Höhe leiten kann (siehe «Rosen am Wandspalier», Seite 100). Eine gut gepflegte Kletterrose in voller Blüte an einer Backsteinmauer ist eine wahre Augenweide.

Englische Rosen
Diese Gruppe von Rosen wurde von dem englischen Züchter David Austin entwickelt. Die meisten blühen mehrmals und besitzen den Charme alter Rosen.

Floribundarosen
Der Name verweist auf die Blühfreude. Die öfter blühenden Rosen tragen ungefüllte oder gefüllte Blüten in großen Gruppen.

Grandiflorarosen
Sie sind nicht so populär wie die Teehybriden oder Floribundarosen, aus denen sie gekreuzt wurden, aber sie tragen größere und auffälligere Blüten als die beiden Eltern.

Bodendeckerrosen
Diese niedrigen, breitwüchsigen und oft duftenden Rosen bilden einen lockeren Teppich und eignen sich hervorragend zur Bepflanzung von Böschungen und Abhängen. Nach der Pflanzung brauchen sie wenig Pflege und müssen selten geschnitten werden.

Moschusrosen
Diese Rosen tragen mehrmals im Sommer Gruppen von Blüten in helleren Tönen wie Weiß, Creme oder Rosa. Der Moschusduft kann zart sein (wie bei 'Sally Holmes') oder intensiv ('Felicia').

Teehybriden
Ihr typisches Erkennungszeichen sind spitze Knospen und Blüten, die meist einzeln an langen Stielen stehen. In diese Gruppe fällt die 'Gloria Dei' (engl. 'Peace', auch 'Madame A. Meilland'), die wohl zu den berühmtesten Rosensorten der Welt gehört (siehe Seite 96).

Zwergrosen
Diese kleinen, kompakten Strauchrosen haben kleinere Blüten als die meisten anderen Rosen und eignen sich hervorragend für Kübel (siehe «Rosen im Kübel ziehen», Seite 122) und kleine Gärten. Züchter bringen ständig neue Sorten mit verbesserten Eigenschaften auf den Markt. Die Höhe liegt meist zwischen 30 und 45 Zentimetern (siehe auch «Zwergrosen pflegen», Seite 82).

Patiorosen
Patiorosen sind etwas größer und buschiger als Zwergrosen, eignen sich aber ebenfalls gut für Kübel (siehe «Rosen im Kübel ziehen», Seite 122). Sie sind kleiner als Floribundarosen, tragen aber wie diese auch mehrmals im Sommer große Gruppen von Blüten.

Rambler-Rosen
Diese Rosen blühen meist nur einmal im Jahr, sehen dann aber mit ihren riesigen Mengen kleiner, meist duftender Blüten atemberaubend aus. Inzwischen gibt es einige öfter blühende Rambler-Rosen wie

Blütenformen
Das Spektrum der Blütenformen reicht von ungefüllten Blüten mit fünf Kronblättern bis zu Blüten mit Hunderten von Blütenblättern. Die folgenden Abbildungen zeigen einige typische Beispiele.

Ungefüllt:
Rosa glauca

Halb gefüllt:
Rosa alba 'Semiplena'

Gefüllt:
'Roseraie de l'Haÿ'

Offene Schalenblüte:
'Mrs John Laing'

Teehybride:
'Silver Jubilee'

Rosette:
'Darcey Bussell'

Knopfauge:
'Reine des Violettes'

Aus den Blüten der *Rosa* × *cantabrigiensis* können sich rote oder violette Hagebutten entwickeln.

Die 'Dunwich-Rose' bildet lange, flexible Triebe und eignet sich für offene Standorte.

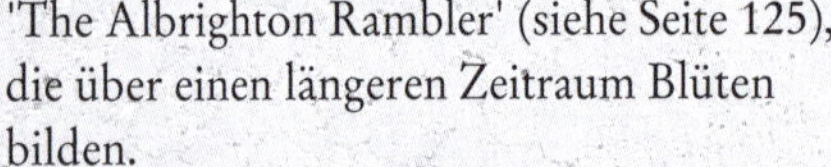

'The Albrighton Rambler' (siehe Seite 125), die über einen längeren Zeitraum Blüten bilden.

Strauchrosen
Diese vielseitigen Rosen eignen sich als Blickfang für ein Beet, können aber auch als blühende Hecke gepflanzt werden. *R. rugosa* kann beispielsweise eine wirkungsvolle, stachelige Barriere bilden.

TEILE EINER ROSE

Rosen gehören zu den Sträuchern. Das heißt, dass ihre Triebe verholzen und die Pflanzen mehrjährig sind. Sie können mehrere Jahrzehnte alt werden.

Obwohl man im Allgemeinen meist von «Dornen» spricht, haben Rosen botanisch gesehen tatsächlich Stacheln. Diese können gerade oder gekrümmt sein und wachsen direkt aus der Epidermis (der Rinde) der Triebe. Ein Dorn hingegen ist ein umgebildeter Trieb, der aus einer Knospe wächst. Dornen und Stacheln dienen dem Schutz vor Pflanzenfressern. Gekrümmte Stacheln helfen den Rosen auch beim Klettern, weil sie sich in anderen Pflanzen verhaken.

Die Blätter von Rosen unterscheiden sich in der Größe, der Farbe (lindgrün bis rötlich-violett) und der Anzahl der Fiederblätter (3 bis 19). Die Blätter sind wechselständig angeordnet, und jeder Petiolus (Blattstiel) trägt mehrere unpaarig angeordnete Fiederblätter. Die meisten Rosen sind sommergrün; sie werfen am Ende der Wachstumssaison ihr Laub ab.

Die Grundform der Blüte entspricht der Blütenform der Wildrosenarten (siehe Kasten Seite 15), die fünf Kronblätter besitzen (*R. sericea* hat manchmal nur vier). Jedes Kronblatt ist zweilappig, und unter jedem Kronblatt befindet sich ein Kelchblatt. Die Kelchblätter sind besonders gut zu erkennen, wenn die Pflanze Knospen und später Früchte trägt. In der Mitte der Blüte befinden sich Dutzende auffälliger Staubgefäße.

Alle Wildrosen bilden Früchte (Hagebutten), nachdem die Blüten bestäubt wurden. Die Fortpflanzungsorgane befinden sich in der Mitte der Blüte und bestehen aus getrennten männlichen und weiblichen Organen. Das Staubblatt ist der männliche Blütenteil. Er besteht aus einem Staubfaden (Filament) und einem Staubbeutel (Anthere). Im Staubbeutel werden die Pollen gebildet, die bei der Bestäubung auf den weiblichen Blütenteil (Griffel mit Narbe) übertragen werden. Die Bestäubung erfolgt durch Insekten, meist Bienen, die von Blüte zu Blüte fliegen. Nach der Bestäubung schwillt das Ovarium an, wenn sich die Samen bilden. Die Hagebutten können zwischen sechs und hundert Samen enthalten. Voll ausgereifte Hagebutten sind meist rot oder orange, manchmal schwärzlich. Einige Hagebutten sind essbar (siehe «Hagebutten verwerten», Seite 46).

Das Laub von Rosen kann sehr unterschiedlich aussehen: groß und glänzend, farnartig fein gefiedert oder attraktiv gefärbt.

Die Stacheldrahtrose (*Rosa sericea* subsp. *omeiensis f. pteracantha*) trägt dekorative Stacheln.

Manche Hagebutten wie die der Kastanienrose *(Rosa roxburghii)* schmecken herrlich aromatisch.

GARTENWERKZEUGE

Die meisten Werkzeuge und Utensilien für die Pflege von Rosen werden im Garten für viele andere alltägliche Arbeiten benötigt.

Wichtig ist eine gute Hygiene: Wenn das Werkzeug sauber ist, besteht weniger Gefahr, Krankheitserreger von einer Pflanze auf die andere zu übertragen. Moderne Gartengeräte bestehen oft aus Edelstahl. Sie lassen sich leicht reinigen und rosten nicht. Eine kräftige Wurzelbürste genügt, um Gartenerde von Spatel, Grabgabel und kleineren Werkzeugen zu entfernen. Sind Geräte sehr schmutzig, spritzt man sie am besten mit einem Gartenschlauch ab und lässt sie trocknen, bevor sie weggeräumt werden.

Schneidewerkzeuge wie Rosenschere, Astschere und Säge müssen regelmäßig gesäubert und geschärft werden, damit sie einwandfrei funktionieren. Das Schneiden mit einer stumpfen, rostigen Klinge schädigt nicht nur die Rosen, sondern kann auch gefährlich sein. Nach der Reinigung sollten Klingen und bewegliche Teile leicht geölt werden, damit sie für den nächsten Einsatz perfekt vorbereitet sind.

Die Grundausstattung

- Grabgabel und Spaten zum Pflanzen.
- Handschaufel und Handgabel zum Jäten.
- Robuste Arbeitshandschuhe schützen vor Verletzungen durch die Stacheln.
- Rosenschere zum Schneiden grüner und dünner verholzter Triebe. Eine hochwertige Rosenschere kann bei guter Pflege ein Leben lang halten. Ich habe meine vor vierzig Jahren gekauft. Sie musste ei-

nige Male geschärft werden, und einmal musste die Feder erneuert werden. Dank etwas Pflege leistet sie noch immer gute Dienste.
- Astschere zum mühelosen Schneiden dicker, verholzter Triebe. Auch hier lohnt es sich, in gute Qualität zu investieren.

Nützliche Extras
- Handsäge zum Entfernen sehr dicker, verholzter Triebe; wird also selten benötigt.
- Gärtnermesser zum Entfernen von Wildtrieben.
- Gartenspritze zum Ausbringen von synthetischen oder biologischen Insektiziden (siehe Seite 139).

ROSEN AUSWÄHLEN

Die Pflege von Rosen ist nicht schwierig, kann aber etwas Mühe bereiten. Wie so oft zahlt sich die Mühe jedoch aus und man wird mit guten Ergebnissen belohnt. Und wenn man an einem Sommerabend im Garten sitzt und den herrlichen Rosenduft genießt, ist die Mühe schnell vergessen.

Bei der Anschaffung einer neuen Rose sollten Sie die Standort- und Platzbedingungen in Ihrem Garten berücksichtigen, aber auch die Größe der Rose (Höhe und Breite), die Blütenform und -farbe, den Duft, die Blühdauer und die Anfälligkeit für Krankheiten und Schädlinge.

Zuerst muss also entschieden werden, wo die neue Rose wachsen soll. Für eine Wand, eine Pergola, einen Bogen oder sogar einen Baum wäre eine Kletterrose oder eine Rambler-Rose die richtige Wahl. Dabei kommt es allerdings auf die Höhe der jeweiligen Rose an. Manche Kletterrosen erreichen etwa 3 Meter, Rambler-Rosen wie *R. filipes* 'Kiftsgate' können mit den Jahren 18 Meter hoch werden und eignen sich darum vor allem für Bäume. Soll die Rose an einem niedrigeren Pfeiler oder einer Rankhilfe wachsen, ist eine schwachwüchsige Kletterrose empfehlenswert. Für eine Wand oder Pergola dagegen darf es eine wüch-

Bei der Anschaffung von Gartenwerkzeug lohnt es sich, für gute Qualität etwas mehr Geld zu investieren.

sigere Rose sein (siehe auch «Anbinden», Seite 25, und «Rosen am Wandspalier», Seite 100). Die meisten Rambler-Rosen blühen nur einmal im Hochsommer, dann aber mit großer Blütenfülle. Für eine Hecke empfehlen sich öfter blühende Sorten, die nicht zu hoch werden. 1,50 Meter ist ein guter Richtwert. Die Sorte 'Kew Gardens' eignet sich hervorragend für eine Rosenhecke in mittlerer Höhe (siehe auch «Eine Rosenhecke pflanzen», Seite 130). Moderne Strauchrosen wie Teehybriden sind die beste Wahl, wenn Sie Rosen für die Vase schneiden möchten, denn sie tragen langstielige Blüten.

Denken Sie auch über den künftigen Standort der neuen Rose nach. Im Idealfall sollten Rosen an einen sonnigen Platz gesetzt werden, an dem sie in den Sommermonaten täglich mindestens sechs Stunden Sonnenlicht bekommen. Die meisten Rosen fühlen sich in voller Sonne am wohlsten, tolerieren aber auch etwas Schatten (siehe «Rosen für schattige Standorte», Seite 54). Rambler-Rosen gedeihen recht gut im Schatten, denn es liegt in ihrer Natur, sich den Weg durch andere Pflanzen hindurch zu bahnen. Auch einige Strauchrosen gedeihen im Halbschatten, beispielsweise die robuste Apothekerrose (*R. gallica* 'Officinalis'), die vielfältige Bedingungen verträgt, aber auch *R. rugosa* 'Alba' und viele moderne Züchtungen.

Die Bodenbeschaffenheit beeinflusst die Gesundheit der Rosen. Ideal ist ein nährstoffreicher, durchlässiger Boden mit gutem Wasserhaltevermögen. Rosen tolerieren aber auch andere Böden; nur Staunässe vertragen sie nicht. Ein nährstoffarmer Boden kann aufgebessert werden, indem man regelmäßig Kompost oder verrotteten Stallmist unterarbeitet. Kartoffel-Rosen *(R. rugosa)* wachsen gut in sandigem Boden.

Die nächsten Überlegungen beziehen sich auf die Blütenform (siehe Seite 15), die Blütenfarbe, den Duft und die Blühperiode. Wer nur eine oder zwei Rosen im Garten hat, sollte sich unbedingt für öfter blühende Sorten entscheiden. Die Auswahl ist sehr groß, und viele der Englischen Rosen blühen nicht nur mehrmals, sondern duften auch angenehm. Manche sind als Strauch- und Klettertyp erhältlich. Wer den herbstlichen Fruchtschmuck mag, sollte bedenken, dass nicht alle Rosen dekorative Hagebutten bilden. *Rosa rugosa* und *R. setipoda* sind zwei klassische Hagebuttenrosen, die sich stark voneinander unterscheiden (siehe Seite 108 und 111).

Wählen Sie möglichst krankheitsresistente Sorten, vor allem, wenn Sie mehrere Rosen als große Gruppe pflanzen möchten. Gerade bei dichtem Stand breiten sich Schädlinge und Krankheiten schnell aus, was den Pflegeaufwand erheblich erhöhen kann (siehe «Probleme und Lösungen», Seite 136).

DER ROSENKAUF

Die beste Zeit für den Rosenkauf ist der Spätherbst, bevor die Ruhezeit beginnt. Um diese Jahreszeit kommen wurzelnackte Rosen in großer Auswahl in den Handel. Schauen Sie sich in den Katalogen oder auf den Websites von speziellen Rosenschulen um, denn dort ist das Angebot am größten. Allerdings ist die Angebotsvielfalt auch sehr verführerisch; daher ist es sinnvoll, schon vorher einige Auswahlkriterien festzulegen (siehe Seite 19). Selbstverständlich spielt bei der endgültigen Entscheidung der persönliche Geschmack eine wichtige Rolle.

Rosen werten gemischte Beete auf, da sie den ganzen Sommer über blühen, wenn früh blühende Stauden schon verwelkt sind.

Fast alle renommierten Rosenschulen betreiben heute eine Website und einen Onlineshop. Der Online-Einkauf ist bequem, weil man ihn von zu Hause aus erledigen kann, und er hat gerade im Herbst seine Vorteile, weil wurzelnackte Rosen in der Gärtnerei ziemlich nichtssagend aussehen. Im Onlineshop dagegen kann man sich Fotos der Arten und Sorten anschauen, und oft kann man auch nach Kriterien wie Farbe, Duft, Blühverhalten oder Standortansprüchen filtern.

Obwohl Onlineshops meist die größere Auswahl bieten, schaue ich mich gelegentlich gern in einer Rosenschule oder Gärtnerei um. Wenn Sie den Besuch in die Zeit der Rosenblüte legen, können Sie auch andere Pflanzen sehen, die zur gleichen Zeit blühen und vielleicht als Rosenbegleiter infrage kommen. Von der Jahreszeit hängt es zudem ab, in welcher Form Rosen angeboten werden – wurzelnackt oder im Container.

Wurzelnackte Rosen

Diese Rosen werden auf Feldern kultiviert und während der Ruhephase ausgegraben. Sie können ab dem Spätherbst bis zum zeitigen Frühling gepflanzt werden. Normalerweise kann man sie ganzjährig bestellen, geliefert werden sie aber während der Ruheperiode. Wurzelnackte Rosen sind deutlich preiswerter als Containerware. Meist sind sie auch kräftiger und wachsen besser an. Hochstammrosen werden vorwiegend wurzelnackt angeboten.

Containerware

Diese Rosen aus Feldkultur werden während der Ruhezeit ausgegraben und in Töpfe gepflanzt. Dadurch ist die Pflanzzeit im Vergleich zu wurzelnackten Rosen etwas länger. Auch sie sollten aber möglichst während der Ruhezeit gepflanzt werden, also bevor die Wurzeln genug Zeit hatten, sich im Pflanzgefäß zu entwickeln.

Zum «Einschlagen» einen flachen Graben ausheben und die wurzelnackten Rosen hineinlegen, die Wurzeln mit Erde bedecken und gut andrücken.

Containerkultur
Diese Rosen wurden mindestens eine Saison lang im Pflanzgefäß kultiviert und haben darum bereits ein gut entwickeltes Wurzelsystem. Sie können ganzjährig in den Garten gepflanzt werden, sofern der Boden nicht gefroren ist, sich also gut bearbeiten lässt. Weil diese Rosen im Frühling bereits austreiben, muss man bei der Pflanzung vorsichtig vorgehen, um sie nicht zu beschädigen.

PFLEGE VOR DER PFLANZUNG

Wer Rosen im Versandhandel bestellt hat, sollte sie sofort nach der Ankunft auspacken und kontrollieren, ob es sich um die gewünschten Pflanzen handelt und ob sie in gutem Zustand sind. Wenn Sie wurzelnackte Pflanzen gekauft haben und das Wetter zum Pflanzen ungeeignet ist, packen Sie die Rosen wieder ein. Wenn die Wurzeln feucht (nicht zu nass) und gut verpackt sind, können die Rosen bedenkenlos sieben bis zehn Tage an einem kühlen Ort wie einer Garage oder einem Schuppen gelagert werden. Wenn die Pflanzung in diesem Zeitraum nicht vorgenommen werden kann, sollten Sie die wurzelnackten Rosen einschlagen – das heißt, an einem geschützten Platz im Garten vorübergehend in feuchte Erde einbetten, bis sie an ihren endgültigen Platz umziehen können. Falls sie länger an diesem Übergangsplatz bleiben müssen und auszutreiben beginnen, ist beim Ausgraben und endgültigen Pflanzen besondere Vorsicht nötig, um Schäden an den neuen Wurzeln so gering wie möglich zu halten.

Containerrosen können wesentlich länger auf die Pflanzung an ihren endgültigen Standort warten, wenn sie regelmäßig gegossen werden. Nehmen Sie die Pflanzung am besten vor, ehe die Rose neu auszutreiben beginnt. Bereiten Sie die Pflanzstelle vor, sobald das Wetter es zulässt.

PFLANZUNG

Wenn eine Rose korrekt gepflanzt wird, kann sie viele Jahre gut gedeihen. Darum lohnt es sich, in die Pflanzung etwas Sorgfalt zu investieren. Alle Rosen werden auf die gleiche Weise gepflanzt; Unterschiede gibt es nur in Bezug auf den Zeitpunkt. Wurzelnackte Rosen werden zwischen Spätherbst und Vorfrühling gepflanzt, also bevor das neue Wachstum einsetzt. Containerware kann ganzjährig gepflanzt werden, sofern der Boden nicht gefroren ist.

- Die Rose vor der Pflanzung gut wässern. Wurzelnackte Rosen etwa dreißig Minuten in einen Eimer mit Wasser stellen. Containerrosen durchdringend wässern und etwas abtropfen lassen, während Sie das Pflanzloch ausheben.
- Um die Pflanzstelle vorzubereiten, wird zuerst das Unkraut entfernt. Achten Sie besonders auf mehrjährige Wurzelunkräuter, denn sie lassen sich nur schlecht entfernen, wenn die Rose einmal angewachsen ist. Das Pflanzloch für eine Kletterrose oder eine Rambler-Rose sollte sich mindestens dreißig Zentimeter von der Wand entfernt befinden, weil der Boden direkt an der Wand meist nur wenig Regen bekommt. Heben Sie mit dem Spaten ein Loch aus, das doppelt so breit wie der Wurzelballen ist und etwas tiefer, als die Wurzeln lang sind. So können sich die Wurzeln gut ausbreiten. Die Erde wird am Grund des Pflanzlochs mit einer Grabgabel gelockert, damit sich die Wurzeln leicht im Boden verankern können.
- Mischen Sie die ausgehobene Erde mit einem Eimer verrotteten Stallmists. Geben Sie einen weiteren Eimer verrotteten Stallmists auf den Grund des Pflanzlochs, arbeiten ihn mit der Grabgabel ein und drücken die Erde leicht an. So werden die Wurzeln von der angereicherten Erde umgeben und die Pflanze wächst schnell an.
- Wenn die Wurzeln von Containerware den Topf ausfüllen, müssen sie behutsam gelockert werden. Auch das begünstigt das schnelle Anwachsen. Beschädigte Wurzeln von wurzelnackten Rosen werden mit einer sauberen Rosenschere abgeschnitten.
- Setzen Sie die neue Rose mittig in das Pflanzloch, und zwar etwas tiefer, als sie im Container stand. Bei wurzelnackten Rosen sollte die Veredelungsstelle fünf Zentimeter unter der Erdoberfläche liegen. Um das zu kontrollieren, legen Sie einen geraden Stab über das Pflanzloch. Falls nötig, heben Sie das Loch etwas tiefer aus oder füllen etwas Erde hinein, bis die richtige Pflanzhöhe erreicht ist. Für eine Hochstammrose stecken Sie die Stütze so ins Pflanzloch, dass sie zwischen mehreren dicken Hauptwurzeln sitzt. Eine Kletterrose wird so gepflanzt, dass die Triebe schräg zur Wand zeigen; dann findet sie leichter den Weg zum Spalier.
- Füllen Sie das Pflanzloch mit dem angereicherten Aushub auf und drücken die Erde zwischendurch mehrmals gut an. Wurzelnackte Rosen können beim Einfüllen leicht gerüttelt werden, damit Erde zwischen die Wurzeln rutscht. Lufteinschlüsse im Boden können bewirken, dass Wurzeln austrocknen und absterben.
- Drücken Sie nach dem Auffüllen des Pflanzlochs die Erde nochmals gut an und wässern Sie die Rose gründlich, damit Erde in die Lücken zwischen den Wurzeln geschwemmt wird.

Die Pflanztiefe wird mit einem Stab oder einer geraden Latte kontrolliert.

Lockern Sie verdichtete Wurzeln auf und schneiden Sie beschädigte Wurzeln mit einer sauberen Rosenschere ab.

STÜTZEN

Hochstammrosen – im Beet oder im Kübel – sollten grundsätzlich gestützt werden. Der hohe, relativ schlanke Stamm wird durch das Gewicht von Laub und Blüten stark belastet und kann sich vor allem an windigen Standorten biegen oder abbrechen, wenn ihm keine Stütze Halt gibt.

- Verwenden Sie eine Latte aus behandeltem Holz (5 x 5 Zentimeter) oder einen dicken Bambusstab (5 Zentimeter Durchmesser). Die Stütze sollte etwa 45 Zentimeter länger als der Rosenstamm sein, damit sie nach dem Einschlagen in den Boden knapp unterhalb der blühenden Haupttriebe endet. So wird vermieden, dass die unteren Triebe bei Wind an der Stütze scheuern und Schaden nehmen.
- Die Stütze sollte in der Hauptwindrichtung mit etwa 5 Zentimetern Abstand zum Stamm der Rose eingeschlagen werden.
- Bringen Sie zwei weiche Baumbinder mit Abstandshaltern an, einen etwa auf einem Drittel der Stammhöhe, den zweiten 10–15 Zentimeter unter dem Ende der Stütze. So wird gewährleistet, dass die Rose auf der ganzen Länge ihres Stamms guten Halt hat. Führen Sie die Baumbinder zuerst um den Stamm herum, dann um den Abstandhalter. Danach werden sie auf der Rückseite der Stütze verbunden und befestigt.

ANBINDEN

Wenn eine Rose an einer Pergola oder einem Obelisken in die Höhe klettern soll, braucht sie dabei oft etwas Hilfe. Wird sie nicht angebunden, bildet sie lange Triebe, die nur wenige Blüten tragen. Das gilt besonders für Kletterrosen und Rambler-Rosen. Wenn man die Triebe hingegen biegt und anbindet, wird der Saftfluss verlangsamt und die Bildung von Blütentrieben angeregt.

Ganz ohne Unterstützung können Rosen nicht klettern. Nur im relativ dichten Geäst einer Baumkrone finden sie mit ihren Stacheln ausreichenden Halt. Am Stamm müssen sie aber angebunden werden, um ihnen den richtigen Weg zu zeigen, bis sie die unteren Äste erreichen.

Stützen und Baumbinder sollten regelmäßig kontrolliert werden, damit sie den Rosenstamm nicht beschädigen.

An einer Wand oder einem Zaun brauchen Rosen eine Rankhilfe, beispielsweise ein Spalier oder Spanndrähte. Ein Spalier kann mit Schrauben direkt an der Wand oder dem Zaun befestigt werden, weil die Rosentriebe an der Vorderseite der Spalierlatten festgebunden werden. Drähte aber müssen durch Ösen geführt werden und sollten einen Abstand von fünf bis sieben Zentimetern zur Wand haben (siehe auch «Rosen am Wandspalier», Seite 100). Dann werden die Triebe so an der Stützkonstruktion festgebunden, dass ein Gerüst entsteht. Die langen Haupttriebe werden mit weicher Gartenschnur angebunden, und einzelne Triebe werden so waagerecht wie möglich an den Drähten oder Latten fixiert.

Um Pfeiler, Pergolen und Obelisken werden die langen, senkrechten Haupttriebe spiralförmig etwa in einem Winkel von 45 Grad herumgeführt. Dadurch wird die Bildung vieler blühender Seitentriebe angeregt. Wenn die Triebe das obere Ende der Rankhilfe erreicht haben, werden sie waagerecht angebunden. Dadurch gelangt weniger Wachstumshormon in die Triebspitzen, an denen die Rose von Natur aus Blüten bilden möchte. Stattdessen wird das Hormon in die unteren, waagerecht angebundenen Triebe geleitet und regt dort die Bildung von blühenden Seitentrieben an. So erhalten Sie im Sommer mehr Blüten, die sich außerdem auf der gewünschten Höhe befinden und das Spalier oder die Spanndrähte gut bedecken.

Eine weitere Möglichkeit besteht darin, lange Rosentriebe mit Pflöcken im Boden zu verankern, sodass sie kleine Bögen bilden. Auch an diesen bilden sich, ähnlich wie bei waagerechten Trieben am Spalier, viele blühende Seitentriebe.

Triebe von Kletterrosen werden waagerecht angebunden, um das Bilden blühender Seitentriebe auf der gewünschten Höhe anzuregen.

PFLEGE NACH DER PFLANZUNG

Damit Rosen gesund bleiben und Jahr für Jahr mit vielen Blüten bezaubern, müssen sie nach der Pflanzung gut gepflegt werden. Sie benötigen Nährstoffe und Wasser, um gesund zu bleiben und aus der Basis starke neue Haupttriebe zu bilden. Pflanzen, die gesund wachsen, sind zudem weitaus weniger anfällig für Krankheiten, die sie schwächen, kümmerlich aussehen lassen und ihre Blühkraft verringern (siehe «Probleme und Lösungen», Seite 136).

Frisch gepflanzte Rosen können durch starken Wind gelockert werden und sollten regelmäßig kontrolliert werden.

Mulchen

Mulch tut Rosen außerordentlich gut. Natürliche Mulchmaterialien wie Gartenkompost oder verrotteter Pferdemist sind nährstoffreich und darum ideal für Rosen, die einen hohen Nährstoffbedarf haben. Besonders gut eignen sich solche Mulchmaterialien für leichten, sandigen oder kalkhaltigen Boden, weil sie das Wasserhaltevermögen erhöhen, sodass Sie im Sommer weniger gießen müssen. Außerdem unterdrückt Mulch einjährige Unkräuter. Natürliche Mulchmaterialien müssen jedoch gut verrottet sein, denn wenn sie erst auf dem Boden verrotten, entziehen sie ihm Stickstoff.

Im Idealfall sollte die Mulchschicht zehn Zentimeter dick sein. So schützt sie den Boden im Winter vor Frost und bildet eine natürliche Decke, die Bodenerosion durch Wind und Regen verringert.

Am besten mulcht man, wenn der Boden warm und feucht ist – keinesfalls an sehr trockenen Tagen oder bei Frost. Der Mulch wird auf dem Wurzelbereich der Pflanze verteilt, dabei sollte aber unbedingt etwas Abstand zu den Trieben gehalten werden. Falls der Mulch noch nicht ganz verrottet ist, kann es zu Verbrennungen an den Trieben kommen. Außerdem hält er die Triebe feucht, sodass sie anfälliger für Krankheiten wie Rosenkrebs werden (siehe «Probleme und Lösungen», Seite 136). Der Mulch muss nicht jedes Jahr erneuert werden, sondern nur, wenn er komplett zersetzt ist.

Düngen

Natürlicher Mulch versorgt die Rosen zwar mit Nährstoffen, zusätzlich sollte aber während der Wachstumssaison im Frühjahr und im Frühsommer ein spezieller Rosendünger eingesetzt werden, um die Blütenbildung anzuregen. Der Dünger bewirkt, dass die Rosen kräftige Triebe bilden, die Krankheiten besser widerstehen. Die Dosierung ist auf der Packung angegeben. Rosendünger kann einfach auf den Mulch gestreut werden und gelangt durch Regen und Gießwasser zu den Wurzeln im Boden.

Empfehlenswert ist ein ausgewogener Dünger. Achten Sie beim Kauf auf das NPK-Verhältnis, das auf der Packung angegeben ist. Diese Angabe gibt Auskunft über die Mengen der enthaltenen Nährstoffe. Alle Pflanzen brauchen Stickstoff (N) für kräftiges vegetatives Wachstum, Phosphor (P) stärkt das Wurzelsystem, und Kalium (K) ist für Pflanzengesundheit und Wachstum wichtig. Die letzte Düngung muss rechtzeitig vor dem Ende der Saison erfolgen, damit die weichen Triebe noch Zeit haben, sich vor Beginn der kalten Jahreszeit zu festigen.

Bewässerung

Rosen müssen unbedingt ausreichend bewässert werden. Das gilt vor allem für frisch gepflanzte Exemplare, damit sie gut anwachsen. Neue und etablierte Rosen benötigen Wasser, um die Nährstoffe, die sie zum Wachstum brauchen, aus dem Boden aufzunehmen. Aus trockenem Boden können sie keine Nährstoffe aufnehmen. Darum legen Rosen manchmal in sommerlichen Trockenperioden eine Ruhephase ein und hören auf zu blühen, um weniger Feuchtigkeit zu verbrauchen. Regelmäßiges Gießen ist also nötig, aber es darf auch nicht zu viel Wasser sein – vor allem auf tonigen Böden. Durch Staunässe steigt die Krankheitsanfälligkeit von Rosen erheblich (siehe «Probleme und Lösungen», Seite 136).

Gegossen wird am besten abends, weil dann weniger Wasser von der Bodenoberfläche verdunstet.

AUSPUTZEN

Das Entfernen verwelkter Blüten ist eine Form des Rückschnitts (siehe nächste Seite) und sollte regelmäßig vorgenommen werden. Dadurch sehen die Rosen nicht nur gepflegter aus, sondern sie werden auch dazu angeregt, neue Blüten zu bilden. Schneiden Sie welke Blüten mit einer scharfen Rosenschere direkt über dem nächsttieferen Blatt ab.

Frisch gepflanzte Rosen müssen gut angegossen werden, damit Erde zwischen die Wurzeln geschwemmt wird.

RÜCKSCHNITT

Der Rosenschnitt hat zwei Funktionen. Er regt die Bildung neuer Blüten und Triebe an und er dient dazu, die Größe der Pflanzen zu kontrollieren.

Rosen sollten während der Ruhezeit geschnitten werden, wenn sie keine Blätter tragen. In den Royal Botanic Gardens in Kew werden die Rosen etwa Mitte Januar geschnitten. Entscheidend ist aber die Witterung, denn bei Frost sollte kein Rosenschnitt erfolgen.

Der Rückschnitt sollte erledigt sein, bevor die Rosen wieder austreiben, also am Ende des Spätwinters. Danach setzt das aktive Wachstum ein, und man würde beim Schnitt Material entfernen, in das die Pflanze bereits Energie gesteckt hat. Außerdem sind die jungen Triebe empfindlich und können leicht verletzt werden. Verwenden Sie hochwertige, saubere Schneidewerkzeuge, um Kraft zu sparen, aber auch, damit keine Krankheiten übertragen werden und die Schnittwunden gut heilen können.

Die Grundregeln des Rückschnitts sind für fast alle Rosen gleich und basieren auf einem einfachen, logischen Prinzip. Zuerst werden alle abgestorbenen, beschädigten oder erkrankten Teile entfernt. Dazu gehören auch Triebe, die sich überkreuzen, weil durch die Reibung Schäden und Krankheiten entstehen können. So wird die Pflanze ausgelichtet und man sieht besser, was noch geschnitten werden muss. Jetzt werden alle schwachen oder dürren Triebe entfernt.

Alle paar Jahre sollten außerdem ein oder zwei alte Triebe direkt über dem Boden abgeschnitten werden, um die Bildung neuer Triebe von ganz unten anzuregen. Versuchen Sie, eine ausgewogene Form herzustellen, indem Sie alle anderen Triebe um ein bis zwei Drittel kürzen. Dabei sollten möglichst zehn Zentimeter des vorjährigen Austriebs stehen bleiben. Schneiden Sie über einem nach außen gerichteten Auge, damit neue Triebe nach außen wachsen und das Innere der Pflanze offen bleibt.

Nach dem Rückschnitt sollten vor allem bei Busch- und Strauchrosen etwa fünf kräftige Triebe übrig bleiben, die eine ausgewogene Kelchform mit offenem Zentrum bilden. Das ist allerdings ein Ideal, dem sich Pflanzen nicht immer unterordnen. Es macht also nichts, wenn ihr Schnittergebnis nicht ganz perfekt aussieht. Wichtig ist, dass Sie unproduktive Triebe entfernen und den gesunden Austrieb anregen. Dann wird die Rose im Lauf weniger Jahre eine gute Form entwickeln und reichlich blühen.

Regelmäßiges Ausputzen sorgt dafür, dass die Rosen gepflegt aussehen und zum Bilden neuer Blüten angeregt werden.

Kletterrosen und Rambler-Rosen

Beim Rückschnitt von Kletterrosen und Rambler-Rosen wird etwas anders vorgegangen als bei anderen Rosen (siehe Seite 28), aber auch er wird im mittleren bis späten Winter vorgenommen. Um diese Zeit tragen die Rosen keine Blätter und es ist einfacher, die Anordnung der Triebe zu sehen. Das erleichtert den Rückschnitt erheblich.

Kletterrosen und Rambler-Rosen sollten bald nach der Pflanzung beschnitten werden und dann jedes Jahr, um sie gut in Form zu halten und die Bildung vieler neuer Triebe und Blüten anzuregen. Die langen Haupttriebe bilden kürzere Seitentriebe, an denen die Blüten stehen, und diese Seitentriebe sollten jährlich auf zwei oder drei Augen – das sind meist ca. sieben bis zehn Zentimeter – zurückgeschnitten werden. Die Haupttriebe werden gekürzt, um sie im Zaum zu halten. Bei älteren Kletterrosen und Rambler-Rosen müssen gelegentlich alte Triebe entfernt werden, wenn sie schwach werden und nicht mehr blühen.

Wer eine ältere Rose übernommen hat, die vielleicht jahrelang nicht geschnitten und gebändigt wurde, meint vielleicht, vor einer Mammutaufgabe zu stehen. Aber auch solche Exemplare sind mit wenigen einfachen Schritten wieder in den Griff zu bekommen. Zuerst werden alle alten, verholzten oder abgestorbenen Triebe möglichst dicht über dem Boden abgeschnitten. Entfernen Sie auch Triebe, die nach vorn (also vom Spalier weg) wachsen und sich

'Rambling Rector' erobert mühelos eine Pergola oder einen großen Baum.

schlecht anbinden lassen. Danach ist die Pflanze schon viel übersichtlicher. Schauen Sie sich die Rose an und überlegen Sie, wie sie wachsen soll. Muss sie in eine oder mehrere Richtungen angebunden werden, um eine ausgewogene Struktur zu erhalten? Wenn ja, binden Sie die Triebe an. Sind die Triebe zu lang, kürzen Sie die Enden. Sind sie geschmeidig genug, biegen Sie sie in die gewünschte Position.

Wildrosen

Wildrosen brauchen kaum beschnitten zu werden. Es genügt, im Winter abgestorbene, beschädigte oder erkrankte Triebe zu entfernen. Schneiden Sie auch unproduktive Triebe heraus, sodass nur solche stehen bleiben, die zwei oder drei Jahre alt sind. Damit die Rosen ihren überhängenden Wuchs behalten und im Herbst Hagebutten bilden, schneiden Sie niemals die Enden der Triebe ab. Dadurch bieten die Pflanzen bis in den Winter hinein einen attraktiven Anblick.

WILDTRIEBE

Die meisten modernen Rosensorten wurden auf einer Unterlage veredelt (siehe «Vermehrung», rechts). Triebe, die aus dieser Unterlage wachsen, nennt man Wildtriebe. Sie können von Zeit zu Zeit im Wurzelbereich einer Rose auftauchen.

Wildtriebe sind leicht zu erkennen, weil sich ihr Laub von den Blättern der eigentlichen Rose unterscheidet. Außerdem tragen sie oft mehr Stacheln. Um einen Wildtrieb zu entfernen, schneidet oder reißt man am besten ein Stück Rinde mitsamt dem Trieb von der Unterlage ab. Normalerweise bildet sich dann an dieser Stelle kein neuer Trieb.

Manche Rosen breiten sich aus, indem sie ständig Wildtriebe bilden. Diese können mit einem Spaten abgestochen werden.

VERMEHRUNG

Rosen können durch Samen, Stecklinge, Okulation oder Veredelung vermehrt werden.

- *Samen* werden hauptsächlich verwendet, um echte *Rosa*-Arten zu vermehren (siehe «Rosen aus Samen ziehen», Seite 106). Auch neue, durch Kreuzung gewonnene Kultivare werden so aufgezogen; das Verfahren ist aber recht kompliziert.
- Verholzte Stecklinge werden während der Ruheperiode im Winter geschnitten, halb reife Stecklinge im Frühsommer. Jeder Steckling wird in einen Topf mit durchlässigem Anzuchtsubstrat gesetzt und mit einem dicht verschlossenen Plastikbeutel abgedeckt, um ihn feucht zu halten, bis sich Wurzeln bilden. Manche Stecklinge bilden sogar Wurzeln, wenn man sie in Wasser stellt (siehe «Stecklingsvermehrung in Wasser», Seite 64).
- *Okulieren und Veredeln* sind Methoden zur Vermehrung von Zuchtformen. Beim Okulieren wird der gewünschten Sorte ein Auge entnommen und mithilfe eines kleinen, T-förmigen Schnitts nahe der Basis unter die Rinde der Unterlage, häufig *R. canina,* eingesetzt. Das Veredeln ist ein ähnliches Verfahren, aber statt eines Auges wird ein Stück eines Triebs verwendet. Hochstammrosen werden kommerziell durch Kopfveredelung produziert (siehe auch «Erziehung zum Hochstamm», Seite 92). Diese Techniken kommen in professionellen Betrieben zum Einsatz.

ART ODER SORTE?

Die Familie der Rosengewächse (Rosaceae) umfasst verschiedene Pflanzengattungen. Die Rosen sind eine Gattung mit zahlreichen Arten, wie zum Beispiel die Hunds-Rose *(Rosa Canina),* die Kartoffel-Rose *(Rosa rugosa)* oder die Bibernell-Rose *(Rosa spinosissima),* die Sie alle in diesem Buch finden.

Rosen, die durch Züchtungen entstanden sind, werden «Sorten» genannt. Um dies zu kennzeichnen, werden deren Namen in einfache Anführungszeichen gesetzt, wie zum Beispiel 'Heidetraum', 'Olivia Rose Austin' oder 'Schneewittchen'. Im Inhaltsverzeichnis haben wir diese Anführungszeichen zugunsten der besseren Lesbarkeit weggelassen, wenn es sich beim Namen der jeweiligen Rose nur um die Sortenbezeichnung handelt.

Arten und Sorten

Rosa × *alba* 'Semiplena'

Herrlich duftende, reinweiße Blüten erscheinen in Gruppen von bis zu 15 Einzelblüten an bogenförmigen Zweigen mit attraktiven graugrünen Blättern. Die halb gefüllten Blüten enthalten auffällige goldgelbe Staubgefäße und bilden am Ende der Saison scharlachrote Hagebutten.

Höhe und Breite
2,50 × 1,50 Meter

Standort
volle Sonne

Blütezeit
Hochsommer

Duft
stark

KULTUR

'Semiplena' ist eine sehr robuste Rose, die auch unter rauen Bedingungen wächst. Da sie wahrscheinlich eine der am stärksten winterharten Rosen ist, eignet sie sich auch für Gebiete mit kühlem bis gemäßigtem Klima. Wegen ihrer Größe bietet sie sich für eine hohe Hecke (siehe «Eine Rosenhecke pflanzen», Seite 130), für den hinteren Teil eines gemischten Beetes (siehe «Rosen in gemischten Beeten», Seite 38) oder für einen wilderen Teil des Gartens an. Die langen Triebe lassen sich auch waagerecht an Drähten ziehen. Die 'Semiplena' wächst am besten in voller Sonne und gut durchlässigem Boden.

DIE «WEISSE ROSE VON YORK»

In den Rosenkriegen, die von 1455 bis 1485 zwischen den Häusern York und Lancaster in England geführt wurden, hatte die edle Blume besonderen Symbolwert. Das Haus York wählte eine weiße Rose als Emblem, das Haus Lancaster eine rote Rose.

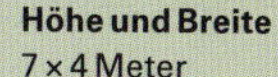

'Albéric Barbier'

'Albéric Barbier' ist eine sehr hübsche Rambler-Rose, die kleine Gruppen aprikosenfarbener bis gelber Knospen trägt. Diese öffnen sich zu gefüllten, cremeweißen, ca. sieben Zentimeter großen Blüten, welche sich gut von dem dunkelgrünen, glänzenden Laub abheben. Die Hauptblütezeit ist im Hochsommer, aber einige späte Blüten erscheinen bis in den Herbst hinein. Diese Rose verliert ihre Blätter später als die meisten anderen Rosen, normalerweise erst um das Jahresende.

Höhe und Breite
7 × 4 Meter

Standort volle Sonne oder Halbschatten

Blütezeit
Hochsommer bis Frühherbst (öfter blühend)

Duft
schwach

KULTUR

'Albéric Barbier' ist sehr vielseitig und gedeiht an verschiedenen Standorten, etwa an einem großen Bogen, einer Laube oder einer Pergola. Sie kann auch in einen kleineren Baum klettern. In jedem Fall braucht sie viel Platz, und die langen, biegsamen Triebe müssen häufig angebunden werden. 'Albéric Barbier' gedeiht gut an einem schattigen Ort, bildet in voller Sonne aber mehr Blüten. Sie toleriert alle Böden, sofern sie nicht übermäßig schwer sind und zu Staunässe neigen.

ROBUSTE SORTE
'Albéric Barbier' ist eine der besten Rosensorten für ein Spalier an einer schattigen Wand.

'Amber Queen'

Synonyme: 'Prinz Eugen von Savoyen', 'Harroony'

Die hübsche und kompakte 'Amber Queen' hat große, satt bernsteinfarbene, gefüllte schalenförmige Blüten, die in Gruppen von drei bis sieben Einzelblüten getragen werden und den ganzen Sommer über kontinuierlich erscheinen. Das frische, junge Laub ist sehr attraktiv. Es treibt kupferrot aus und nimmt dann ein glänzendes, dunkles Grün an. 'Amber Queen' zeichnet sich durch gute Krankheitsresistenz aus.

KULTUR

Diese Rose eignet sich hervorragend für kleinere Gärten oder als niedrige Hecke (siehe «Eine Rosenhecke pflanzen», Seite 130). Durch ihren kompakten, buschigen Wuchs macht sie auch in einem großen Kübel auf einer sonnigen Terrasse eine gute Figur (siehe «Rosen im Kübel ziehen», Seite 122). Alternativ könnte sie im Vordergrund eines gemischten Beets stehen (siehe «Rosen in gemischten Beeten», Seite 38), sodass Duft und Farbe gut zur Geltung kommen. 'Amber Queen' bevorzugt feuchte, gut durchlässige, fruchtbare Böden und einen sonnigen Standort, verträgt aber auch etwas Schatten.

PREISGEKRÖNT

1984 wurde die von Harkness Roses gezüchtete 'Amber Queen' in Großbritannien zur Rose des Jahres gewählt. Auch in Italien und Amerika erhielt sie Auszeichnungen.

'Anne Harkness'

Synonyme: 'Ann Harkness', 'Harkaramel'

'Anne Harkness' trägt prächtige, gefüllte, goldorangefarbene Blüten mit dunklerem Zentrum, die in großen Gruppen von bis zu 15 Blüten, gelegentlich auch mehr, erscheinen. Bemerkenswert ist die späte Blüte, die oft erst nach der ersten Blüte vieler anderer Rosen einsetzt. Die Rose hat einen aufrechten Wuchs und zeichnet sich durch gute Krankheitsresistenz aus.

KULTUR

Diese auffällige Rose gedeiht gut in einem großen Topf (siehe «Rosen im Kübel ziehen», Seite 122) an einem sonnigen Platz. Wegen ihrer späten Blüte ist sie ein wertvoller Farbgeber in einem Rosenbeet oder einem gemischten Beet (siehe «Rosen in gemischten Beeten», Seite 38). Mehltau (siehe Seite 137) kann im Frühsommer ein Problem sein, daher sollte man vor allem nur auf den Wurzelbereich gießen und die Blätter nicht benetzen. Ein sonniger, luftiger Standort in feuchter, aber gut durchlässiger Erde hilft ebenfalls, das Infektionsrisiko zu verringern.

GEBURTSTAGS-GESCHENK

Diese Sorte erhielt ihren Namen 1979 anlässlich des 21. Geburtstags von Anne, der Nichte des berühmten Rosenzüchters Jack Harkness.

Rosen in gemischten Beeten

Ein reiner Rosengarten kann schön aussehen, aber Rosen passen auch sehr gut in gemischte Pflanzungen. Wenn man Pflanzen wählt, die zu unterschiedlichen Jahreszeiten blühen und die einander ergänzen oder spannende Kontraste bilden, dann bietet so ein Beet viele Monate lang etwas fürs Auge. Rosen fügen sich in solche Gestaltungen gut ein, und viele Sorten haben den Vorteil, dass sie mehrmals blühen. Grundlegend sind die Planung, die Vorbereitung und das Pflanzen – wagen Sie ruhig Experimente!

Ein gutes gemischtes Beet enthält Stauden, einjährige Pflanzen und Zwiebelgewächse sowie Sträucher und Rosen. Hohe Pflanzen und Strauchrosen sollten im Hintergrund stehen, während die Höhen nach vorn allmählich geringer werden.

Wichtig ist eine gute Vorbereitung, denn nach der Pflanzung sollten die verschiedenen Arten Zeit haben, um in Ruhe zu wachsen. Trotzdem kann man die Gestaltung im Lauf der Zeit verändern. Prüfen Sie vor der Anlage des Beets, wie groß die Pflanzen im ausgewachsenen Zustand werden, um ausreichend Platz einzuplanen. Am schönsten sieht es aus, wenn sich bestimmte Pflanzen wie in einem Muster wiederholen. Ein Durcheinander zu vieler verschiedener Arten wirkt nur unruhig und wirr.

Die Farbwahl ist eine Frage des persönlichen Geschmacks. Vielleicht gefallen Ihnen sanfte Rosa- und Mauvetöne, vielleicht mögen Sie lieber exotische, intensive Farben. Stellen Sie eine Mischung zusammen, die über viele Monate Farbe bietet.

Orange- und Gelbtöne passen gut zu Blau und Grün. Wer Pastelltöne bevorzugt, könnte 'The Poet's Wife' oder 'Lady of Shalott' mit Stauden in Violett und Mauve kombinieren, wie beispielsweise Salbei, Katzenminze oder Verbene.

Auch die Grüntöne von Wolfsmilch und Weichem Frauenmantel passen gut zu Rosen. Forsythien oder Schneeball beleben die Pflanzung mit frühen Blüten. Auf frühe Zwiebelblumen wie Schneeglöckchen und Narzissen (zum Beispiel 'February Gold' oder *Narcissus papyraceus*) folgen Tulpen und im Frühsommer Zierlauch. Rosafarbene Rosen wie 'Olivia Rose Austin' oder 'Bonica' passen zu diesen Farben ebenso gut wie Sorten mit dunkleren, violetten Blüten.

Farben, die auf dem Farbkreis nebeneinander liegen, wirken harmonisch. Komplementärfarben liegen einander gegenüber und bilden einen starken Kontrast.

A *Rosa* 'Harlow Carr' und *Salvia nemorosa* 'Amethyst' mit Blüten in ruhigen Pastellfarben.

B Die verschiedenen Farben und Blattformen von Rittersporn und Beifuß bringen die Rosenblüten zum Leuchten.

C Rosen, Lavendel und Nelken blühen zur gleichen Zeit. Dieses Beet ist vor allem im Sommer eine Attraktion.

D Hohe Blütenstände wie hier vom Rittersporn bilden einen interessanten Kontrast zu den rundlichen Formen der Strauchrosen.

'Arthur Bell'

Über dem dunkelgrün glänzenden Laub stehen große, leuchtend gelbe, halb gefüllte Blüten, die mit der Reife zu Zitronengelb und dann zu Cremeweiß verblassen. 'Arthur Bell' ist eine kleinwüchsige Strauchrose mit ordentlichem, aufrechtem Wuchs. Ihre Blüten erscheinen früh in der Saison und stehen auf dicken Stielen. Sie eignen sich hervorragend für den Schnitt.

Höhe und Breite
1 × 1 Meter

Standort
volle Sonne

Blütezeit
Hochsommer bis Frühherbst (öfter blühend)

Duft
mittelschwer

KULTUR

Diese Rose eignet sich ausgezeichnet für kleine Gärten. Sie kann in ein sonniges Beet gepflanzt werden, aber auch in einen großen Kübel auf einer Terrasse (siehe «Rosen im Kübel ziehen», Seite 122), wo sie aus der Nähe genossen werden kann. Mit ihrem dichten, buschigen Wuchs eignet sie sich gut als mittelhohe Begrenzungshecke (siehe «Eine Rosenhecke pflanzen», Seite 130). In einem gemischten Beet pflanzen Sie 'Arthur Bell' relativ weit in den Vordergrund, wo sie viel Sonne bekommt. Obwohl diese Rose die meisten Bodentypen toleriert, bevorzugt sie doch einen feuchten, aber gut durchlässigen Boden.

'CLIMBING ARTHUR BELL'
Dieser Sport von 'Arthur Bell' ist eine kletternde Floribundarose. Sie besitzt dieselben Merkmale wie die Strauchform, kann aber eine Höhe von etwa drei Metern erreichen. Sie gedeiht auch an einer schattigen Wand.

'Avon'

Synonym: 'Poulmulti'

Hübsche zartrosa Knospen öffnen sich zu perlweißen Blüten, in deren Mitte sich eine Ansammlung goldgelber Staubgefäße befindet. Die kleinen, gefüllten Blüten erscheinen in Gruppen, die fast den gesamten niedrig wachsenden Strauch bedecken. Die Blüten heben sich stark von den glänzenden, dunkelgrünen Blättern ab, die sehr klein sind und eine gute Krankheitsresistenz aufweisen.

Höhe und Breite
30 x 90 Zentimeter

Standort volle Sonne oder Halbschatten

Blütezeit
Hochsommer bis Frühherbst (öfter blühend)

Duft
schwach

KULTUR

'Avon' eignet sich für schattige Plätze und kann als Unterpflanzung in einem Rosenbeet dienen. Sie kann aber auch an einen vollsonnigen Hang oder eine Böschung gepflanzt werden, wo sie Unkraut unterdrückt und kleinen Tieren Unterschlupf bietet. Sehr schön sieht es aus, wenn die Triebe und Blüten über eine niedrige Mauer hängen. 'Avon' gedeiht gut in einem großen Kübel mit nährstoffreichem Substrat. Im Garten bevorzugt sie einen feuchten, aber gut durchlässigen Boden.

WAS SAGT DER NAME?

Der Züchtername 'Poulmulti' verrät, dass 'Avon' von Poulsen gezüchtet wurde. Skandinaviens größter Rosenzuchtbetrieb wurde 1878 gegründet. Zuerst kultivierte das Unternehmen Spargel und Erdbeeren. Den Rosen wandte es sich erst später zu.

Banks-Rose

Rosa banksiae

Die Banks-Rose ist eine früh blühende Rambler-Rose mit hübschen, cremeweißen, gefüllten Blüten an langen, geschmeidigen, fast stachellosen Trieben. Die kleinen duftenden Blüten haben einen Durchmesser von zwei bis drei Zentimetern, wachsen aber in Gruppen, welche die ganze Pflanze bedecken. In voller Blüte ist diese Rose ein atemberaubender Anblick.

Höhe und Breite
7 × 3 Meter

Standort
volle Sonne

Blütezeit
Frühjahr

Duft
stark

KULTUR

Diese Rambler-Rose benötigt einen sonnigen Standort und eignet sich gut für eine Pergola, einen Rosenbogen oder einen großen Baum. Am besten gedeiht die Rose an einer sonnigen Wand (siehe «Rosen am Wandspalier», Seite 100), denn sie braucht die Sonne, damit das Holz reifen kann und sich Blüten bilden können. Zu heiß kann es ihr kaum werden. An einem schattigen oder kühlen Standort bildet sie nur wenige oder gar keine Blüten. Obwohl die Banks-Rose Trockenheit verträgt, sollten Sie regelmäßig gießen, denn ein feuchter Boden verbessert die Wuchskraft der Pflanze.

KLEIN, ABER PERFEKT GEFORMT

Rosa banksiae kam 1807 aus China in die Royal Botanic Gardens in Kew. Benannt wurde sie nach der Ehefrau von Sir Joseph Banks. Der berühmte Naturforscher nahm 1768–1771 an der Weltumseglung der HMS Endeavour unter dem Kommando von Kapitän Cook teil.

'Berkshire'

Synonym: 'Korpinka'

Auffällige, halb gefüllte, magentarot-rosafarbene Blüten, die sich bei der Reifung flach öffnen, werden durch goldene Staubgefäße richtig in Szene gesetzt. Zahlreiche Blüten erscheinen den ganzen Sommer und Herbst über in Gruppen von bis zu 15 Einzelblüten. Das Laub ist glänzend dunkelgrün, gesund und krankheitsresistent.

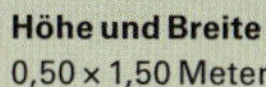

Höhe und Breite
0,50 × 1,50 Meter

Standort
volle Sonne

Blütezeit
Frühsommer bis Frühherbst (öfter blühend)

Duft
schwach

KULTUR

Wegen des ausladenden Wuchses eignet sich diese Rose für die Landschaftsgestaltung und zum Bepflanzen von schwer zugänglichen Flächen, etwa einer steilen Böschung in voller Sonne. 'Berkshire' gedeiht auch in einem großen Kübel (siehe «Rosen im Kübel ziehen», Seite 122) oder am Rand eines Beets. Die Rose bevorzugt fruchtbaren, feuchten, jedoch gut durchlässigen Boden in voller Sonne, toleriert aber auch Halbschatten und alle Böden ohne Staunässe.

INSEKTENFREUNDLICHE ROSE
Die goldenen Staubgefäße sehen nicht nur attraktiv aus, sie besitzen auch eine große Anziehungskraft für Bienen auf Pollensuche.

'Mainzer Fastnacht'

Synonyme: 'Blue Moon', 'Tannacht'

Höhe und Breite
100 × 60 Zentimeter

Standort
volle Sonne

Blütezeit
Frühjahr bis Spätsommer (öfter blühend)

Duft
stark

'Mainzer Fastnacht' ist sicherlich eine der schönsten fliederfarbenen Rosen, und sie duftet sogar ähnlich wie Flieder. Die Blüten bestechen mit ihrer Perfektion: Aus spitzen Knospen öffnen sie sich zu großen, eleganten Blüten, die einzeln auf langen Stielen stehen. Ihre edle Wirkung wird durch das glänzende, dunkelgrüne Laub noch verstärkt.

KULTUR

Die fliederfarbenen Blüten passen gut zu einem gemischten Beet im Landhausstil, in dem Pastellfarben vorherrschen. 'Mainzer Fastnacht' eignet sich auch hervorragend für die Pflanzung im Kübel (siehe «Rosen im Kübel ziehen», Seite 122). Diese Rose kann anfällig für Mehltau sein (siehe Seite 137) und braucht daher einen offenen, luftigen Standort in voller Sonne. Sie verträgt auch Halbschatten, sofern der Boden fruchtbar ist. Wichtig ist eine gute Luftzirkulation, um ihre Wuchsstärke zu erhalten und die Wahrscheinlichkeit von Krankheiten zu verringern.

DIE SCHÖNE BLAUE

Wegen der langen Stiele ist 'Mainzer Fastnacht' eine hervorragende Schnittblume. In der Vase erregt sie mit ihrer ungewöhnlichen Blütenfarbe Aufsehen.

'Bonica'

Synonym: 'Meidomonac'

In voller Blüte werden die mittelrosafarbenen, halb gefüllten Blüten in so großer Zahl gebildet, dass sie fast den ganzen Strauch bedecken. Mit zunehmender Reife verblassen die Blüten zu Weiß. 'Bonica' ist gesund, sehr winterhart und resistent gegen viele Krankheiten. Darum ist sie eine gute Wahl für alle, die nur für eine Rose Platz haben.

Höhe und Breite
1,25 × 1,25 Meter

Standort volle Sonne oder Halbschatten

Blütezeit
Hochsommer bis Frühherbst (öfter blühend)

Duft
schwach

KULTUR

Weil 'Bonica' so blühfreudig ist, eignet sie sich hervorragend für eine mittelhohe Hecke (siehe «Eine Rosenhecke pflanzen», Seite 130). Aber auch im Beetvordergrund erregt sie Aufsehen. Setzt man zwei oder mehr Pflanzen dicht zusammen, decken sie mit ihrem buschig-dichten Wuchs den Boden gut ab, sind aber höher als übliche Bodendeckerrosen. 'Bonica' toleriert Halbschatten, blüht allerdings stärker, wenn sie in voller Sonne in feuchtem, gut durchlässigem Boden steht.

DOPPELTER NUTZEN

Eine 'Bonica'-Hecke ist sehr naturfreundlich. Sie bietet Vögeln und anderen kleinen Tieren Nistplätze und Unterschlupf, und die zahlreichen Hagebutten sind als Nahrung willkommen.

Hagebutten verwerten

Hagebutten enthalten bis zu zwanzigmal mehr Vitamin C als Orangen. Für die folgenden Rezepte werden Hagebutten der Hunds-Rose *(R. canina)*, also der klassischen «Heckenrose», sowie der Kartoffel-Rose *(R. rugosa)* verwendet. Beide liefern gute Ergebnisse. Sammeln Sie die Hagebutten im Spätherbst, sobald sie eine schöne Farbe haben und bevor sie anfangen, welk und schrumpelig zu werden. Beim Sammeln ist Vorsicht geboten, denn beide Arten sind sehr stachelig. Schneiden Sie nach dem Sammeln die Stiele und Blütenansätze ab. Danach werden die Hagebutten gründlich abgespült, um Schmutz und Fremdkörper zu entfernen.

HAGEBUTTENTEE

Dieser Tee wird aus Hagebutten zubereitet, die zuvor gesammelt, gesäubert und getrocknet wurden. Eine kleine Portion getrockneter Hagebutten im Mörser zerstoßen. Drei Teelöffel zerstoßene Hagebutten mit einem halben Liter kaltem Wasser in einem Topf erhitzen und fünf Minuten köcheln lassen. Durch ein Sieb in einen Becher gießen und nach Geschmack mit Honig süßen.

ZUTATEN FÜR HAGEBUTTENGELEE

- 1 kg gesäuberte Hagebutten
- 1 kg (ungeschälte) Wild- oder Kochäpfel, gewürfelt
- Saft und Schale von 1 Zitrone
- Zucker (Menge siehe Rezept)

1. Die gesäuberten Hagebutten in einen Topf geben und mit Wasser bedecken. Zum Kochen bringen, dann bei schwacher Hitze 45 Minuten köcheln lassen.
2. Zitronenschale und Apfelwürfel dazugeben, wieder zum Kochen bringen und weitere 15 Minuten köcheln lassen.
3. Die Fruchtmischung samt Flüssigkeit in ein feines Tuch (Safttuch) füllen und über Nacht über einer Schüssel abtropfen lassen.
4. Die aufgefangene Flüssigkeit abmessen und in einen sauberen Topf geben. Pro Liter Flüssigkeit 800 g Zucker hinzufügen. Langsam erhitzen, bis der Zucker aufgelöst ist. Den Zitronensaft zugeben und die Mischung 5–10 Minuten sprudelnd kochen lassen.
5. Den Topf vom Herd nehmen und einen Klecks der heißen Flüssigkeit auf einen kalten Teller geben. Wenn er geliert, kann die Mischung in Gläser gefüllt werden. Bleibt er flüssig, die Mischung noch einige Minuten weiter kochen und erneut eine Gelierprobe durchführen. Das Gelee in heiße, sterilisierte Gläser füllen und diese verschließen.

Hunds-Rose

Rosa canina

Diese Wildrose trägt offene Blüten, die meist rosafarben mit weißer Mitte (manchmal auch ganz weiß) sind und einzeln oder in lockeren Gruppen stehen. Nach der Blüte im Herbst bilden sich glatte rote Hagebutten, die zur Vermehrung der Hunds-Rose aus Samen verwendet werden können (siehe «Rosen aus Samen ziehen», Seite 106). Die Hunds-Rose ist ein hübscher Anblick in der Landschaft, wo sie sich mit ihren kräftigen, gekrümmten Stacheln durch andere Sträucher und über Zäune schlängelt.

Höhe und Breite
2–4 x 1,50–2,50 Meter

Standort
volle Sonne oder Halbschatten

Blütezeit
Frühsommer

Duft
schwach

KULTUR

Die Hunds-Rose eignet sich hervorragend für eine gemischte, naturnahe Hecke (siehe «Eine Rosenhecke pflanzen», Seite 130) oder für den hinteren Teil eines Beetes, wo die langen, überhängenden Triebe nicht über Wege wachsen. Sie toleriert die meisten Bodenarten; nur schwere, nasse Böden verträgt sie schlecht. Sie wächst in voller Sonne oder im Halbschatten und sogar an relativ trockenen Standorten. Allerdings gedeiht sie am besten in feuchtem, gut durchlässigem Boden.

NADELKISSEN
Die Blattknospen dieser Rose werden manchmal von einer kleinen Gallwespe befallen. Die Galläpfel sehen aus wie Kugeln aus roten, drahtigen Härchen.

Kohlrose

Rosa × centifolia

Büschel großer rosafarbener Knospen öffnen sich zu rosafarbenen, dicht an dicht gefüllten Blüten. Wenn die Knospen sich öffnen, werden die äußeren Blütenblätter allmählich nach außen geschoben, während die inneren aufrecht stehen bleiben. Weil die Blüten so schwer sind, neigen sie zum Hängen.

Höhe und Breite
1,50 × 1,50 Meter

Standort
volle Sonne oder Halbschatten

Blütezeit
Hochsommer

Duft
stark

KULTUR

Die Kohlrose ist mittelgroß und hat einen aufrechten Wuchs, sodass sie sich gut für die Mitte eines gemischten Beetes oder einer Rabatte eignet (siehe «Rosen in gemischten Beeten», Seite 38). Die rosafarbenen Blüten kommen am besten in Kombination mit blau blühenden Stauden zur Geltung. Diese Rose bevorzugt einen feuchten, aber durchlässigen Boden und volle Sonne, gedeiht aber auch im Halbschatten.

HISTORISCHE PERSÖNLICHKEIT

Der Ursprung der *Rosa × centifolia* ist unbekannt; vermutlich handelt es sich um eine Kreuzung aus einer Damaszener- und einer Gallica-Rose. Im 17. Jahrhundert war sie auf Gemälden flämischer Meister zu sehen und wurde darum «Rose der Maler» genannt.

'Centre Stage'

Synonym: 'Chewcreepy'

'Centre Stage' trägt große Gruppen kleiner, ungefüllter Blüten in Rosa, die mit zunehmendem Alter heller werden und fast zu Weiß verblassen. Jede Blüte ist mit goldgelben Staubgefäßen gefüllt. Vom Hochsommer bis in den Spätherbst werden fast unermüdlich neue Blüten gebildet, die vor dem Hintergrund der kleinen, glänzend grünen Blätter hervorragend zur Geltung kommen.

Höhe und Breite
30 × 90 Zentimeter

Standort
volle Sonne

Blütezeit
Hochsommer bis Spätherbst (öfter blühend)

Duft
mittelschwer

KULTUR

'Centre Stage' eignet sich gut für die Pflanzung im Kübel (siehe «Rosen im Kübel ziehen», Seite 122), über dessen Rand sie herabhängt; man kann sie aber auch über eine niedrige Mauer wachsen lassen oder in einen Steingarten pflanzen. Die kleine Rose fühlt sich sogar in einem Blumenkasten wohl oder könnte als Blickfang in einer gemischten Pflanzung dienen (siehe «Rosen in gemischten Beeten», Seite 38). Als Einfassung am vorderen Rand eines Beets harmoniert sie gut mit höheren, strauchigen Pflanzen wie Lavendel oder blauen Stauden wie Geranien und Glockenblumen. Die Sorte bevorzugt volle Sonne und feuchten, durchlässigen Boden.

DIE WESENTLICHEN FAKTEN

Chris Warner, ein englischer Amateur-Rosenzüchter, kreierte 'Centre Stage' im Jahr 2001. Die ungewöhnlich ausladende Bodendeckerrose ist sehr blühfreudig und attraktiv für Bienen.

'Cerise Bouquet'

Diese sehr große Strauchrose hat lange, schlanke, überhängende Triebe mit graugrünem Laub und großen Stacheln. Im Frühsommer trägt sie zahllose Gruppen aus halb gefüllten Blüten in intensivem Pink. Trotz der kurzen Blütezeit ist 'Cerise Bouquet' in voller Blüte atemberaubend schön.

Höhe und Breite
3 × 3 Meter

Standort
volle Sonne oder Halbschatten

Blütezeit
Frühsommer

Duft
schwach

KULTUR

'Cerise Bouquet' ist wegen ihrer langen, stachelbewehrten Triebe definitiv eine Rose, die viel Platz braucht. Am besten wirkt sie als frei stehendes Einzelexemplar; sie kann aber auch in einem wilderen Teil des Gartens eine großartige Begrenzungshecke abgeben (siehe «Eine Rosenhecke pflanzen», Seite 130). Diese Rose eignet sich gut für den Hintergrund eines gemischten Beets (siehe «Rosen in gemischten Beeten», Seite 38) und kann sogar, ähnlich wie eine Kletterrose, an einer Wand gezogen werden (siehe «Rosen am Wandspalier», Seite 100). Sie wächst am besten in feuchtem, aber durchlässigem, fruchtbarem Boden und voller Sonne, ist aber auch mit Halbschatten zufrieden.

DOPPELTER EINSATZ

'Cerise Bouquet' wurde ursprünglich 1937 von dem berühmten deutschen Züchter Matthias Tantau kreiert. Aber erst die ebenso bekannte Rosenzüchterfamilie Kordes brachte sie 1958 in den Handel.

'Charles Darwin'

Synonym: 'Auspeet'

Diese mittelgroße Strauchrose trägt herrlich duftende, große Blüten, die dicht mit Kronblättern gefüllt sind. Ihre zitronengelbe Färbung wird mit zunehmendem Alter blasser. Die kräftige, robuste Rose wächst ausladend und bildet mit den Jahren einen rundlichen, buschigen Strauch, der etwas breiter als hoch ist. 'Charles Darwin' punktet auch mit guter Krankheitsresistenz.

Höhe und Breite
1,10 × 1,40 Meter

Standort volle Sonne oder Halbschatten

Blütezeit
spätes Frühjahr bis Hochsommer (öfter blühend)

Duft
stark

KULTUR

'Charles Darwin' macht sich gut im vorderen Bereich eines gemischten Beets (siehe «Rosen in gemischten Beeten», Seite 38), ebenso wie in Gesellschaft anderer Rosen. Wegen ihrer kompakten Größe eignet die Rose sich auch sehr gut für einen geräumigen Kübel (siehe «Rosen im Kübel ziehen», Seite 122) oder als sommerblühende, mittelgroße Hecke (siehe «Eine Rosenhecke pflanzen», Seite 130). Sie bevorzugt einen Platz in voller Sonne, ist aber auch mit Halbschatten zufrieden. Am besten gedeiht sie auf nährstoffreichen, feuchten und gut durchlässigen Böden, toleriert aber auch die meisten anderen Bodentypen.

TEE MIT ZITRONE
Der Duft der zitronengelben Blüten von 'Charles Darwin' ist intensiv und vereint Zitrusnoten mit feinem Teeduft.

'Claire Austin'

Synonym: 'Ausprior'

Diese bezaubernde Kletterrose trägt cremefarbene Knospen, die sich zu großen, gefüllten Schalenblüten in sahnigem Weiß öffnen. Die Kronblätter sind in konzentrischen Kreisen angeordnet, und der Duft ist hinreißend. Die langen, weich überhängenden Triebe tragen mittelgrün glänzende Blätter. Die gesunde, elegante Kletterrose blüht über einen langen Zeitraum und überzeugt durch ihre gute Krankheitsresistenz.

Höhe und Breite
3,50 × 1,50 Meter

Standort volle Sonne oder Halbschatten

Blütezeit
Frühsommer bis Frühherbst (öfter blühend)

Duft
stark

KULTUR

'Claire Austin' lässt sich gut an einer Wand ziehen (siehe «Rosen am Wandspalier», Seite 100), selbst wenn diese relativ wenig Sonne bekommt (siehe «Rosen für schattige Standorte», Seite 54). Sie eignet sich auch zur Bepflanzung von Hauseingängen und kann Obelisken, Säulen und Bögen bekleiden. Diese Rose toleriert magere Böden, gedeiht aber am besten in feuchtem, durchlässigem, nährstoffreichem Boden. An einem sonnigen Standort fühlt sie sich am wohlsten. Wenn Sie sie an eine Wand pflanzen, halten Sie mindestens dreißig Zentimeter Abstand von der Befestigung und sorgen Sie in den Sommermonaten für regelmäßige Bewässerung.

RUNDUM BEZAUBERND
Pflanzen Sie diese Rose an einen Sitzplatz, um den Duft zu genießen und die gefüllten Blüten aus der Nähe bewundern zu können.

Rosen für schattige Standorte

Manche Gartenbereiche stellen einen vor besondere Herausforderungen. Dazu gehören schattige Mauern. Dabei können gerade Mauern oder Türen in einem dunklen Gartenteil, in dem sonst nicht viel wächst, durch eine Kletterrose enorm gewinnen. Die Blüten sorgen für Abwechslung und heitern den schattigen Bereich auf. Sie können auch zwei verschiedene Rosen zusammen pflanzen, beispielsweise eine Rambler-Rose und eine Kletterrose. Sehr schön ist auch die Kombination von Rosen und Waldreben-Arten. Die Alpen-Waldrebe gedeiht sehr gut an einer schattigen Mauer, blüht vor der Rose und benötigt wenig oder gar keinen Rückschnitt.

Selbstverständlich ist es wichtig, in diesen Fällen eine schattenverträgliche Rose zu wählen. Die meisten Rosen tolerieren ein gewisses Maß an Schatten, solange sie einige Sonnenstunden am Tag bekommen, aber einige sind besonders schattenverträglich (siehe unten). Das Pflanzloch sollte in dem Bereich ausgehoben werden, der am meisten Licht bekommt. Der Boden am Fuß einer Mauer bekommt nicht nur wenig Licht, sondern liegt auch im Regenschatten, ist also trocken. Pflanzen Sie die Rose also in etwas Abstand zur Mauer, damit die Wurzeln mehr Feuchtigkeit finden können.

WEITERE ROSEN FÜR SCHATTIGE MAUERN

'Adélaïde d'Orléans': Rambler-Rose mit intensiv duftenden, weißen, halb gefüllten Blüten

'Albertine': Rambler-Rose, die im Hochsommer große Gruppen stark duftender, dunkelrosa Blüten trägt

'Crème de la Crème': Kletterrose mit ungefüllten, weißen, zu Cremeweiß reifenden Blüten mit gutem Duft

'Dancing Queen': Kletterrose mit leuchtend rosa Blüten von Frühsommer bis Spätherbst

'Félicité et Perpétue': Rambler-Rose mit cremeweißen, rosa überhauchten Blüten und zartem Duft

'Madame Alfred Carrière': Rambler-Rose mit fast stachellosen Trieben und kleinen, stark gefüllten rosa Blüten

'The Pilgrim': öfter blühende Kletterrose mit großen, gelben, duftenden Blüten

'The Prince's Trust': Kletterrose mit Gruppen karminroter Blüten

'Veilchenblau': fast stachellose Rambler-Rose mit leicht gefüllten violetten Blüten

'Wedding Day': Sehr wüchsige Rambler-Rose, trägt im Hochsommer duftende Gruppen ungefüllter weißer Blüten

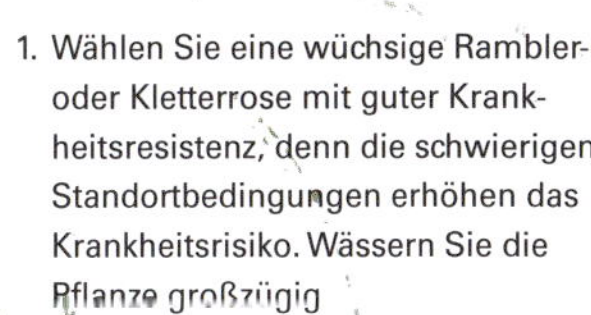

1. Wählen Sie eine wüchsige Rambler- oder Kletterrose mit guter Krankheitsresistenz, denn die schwierigen Standortbedingungen erhöhen das Krankheitsrisiko. Wässern Sie die Pflanze großzügig.
2. Bringen Sie Spanndrähte oder ein Spalier an der Wand an, um die Rose später daran anzubinden (siehe «Rosen am Wandspalier», Seite 100).
3. Heben Sie das Pflanzloch in mindestens dreißig Zentimetern Abstand zur Wand aus.
4. Setzen Sie die Rose schräg ins Pflanzloch und führen die Triebe zur Wand. Mischen Sie den Aushub mit Kompost, füllen Sie die Erde wieder ins Pflanzloch und drücken alles gut an.
5. Gießen Sie die Pflanze gründlich an. Gießen und düngen Sie während des Sommers regelmäßig.

'Claude Monet'

Synonym: 'Jacdesa'

Die Besonderheiten dieser Teehybride sind die leicht gefüllten Blüten mit ihrer lebhaften Farbzeichnung in Gelb, Rosa und Weiß. Die Hauptfarbe ist meist Gelb, aber die Farbgewichtung kann variieren. Die ungewöhnlichen Blüten erscheinen in großer Zahl über einen langen Zeitraum und stehen in kleinen Gruppen von bis zu fünf Blüten. Jede hat ein einzigartiges Muster.

Höhe und Breite
1 × 1 Meter

Standort volle Sonne oder Halbschatten

Blütezeit
Hochsommer bis Spätherbst (öfter blühend)

Duft
mittelschwer

KULTUR

'Claude Monet' ist ein Hingucker in jedem Garten und eignet sich sehr gut zur Solitärpflanzung. Sie gedeiht in geräumigen Pflanzbehältern (siehe «Rosen im Kübel ziehen», Seite 122) ebenso gut wie im Beet. Sie ist nicht anspruchsvoll und toleriert jeden Boden, solange er nicht zu Staunässe neigt. In voller Sonne entwickeln sich die Farben am besten; die Rose gedeiht aber auch im Halbschatten.

KÜNSTLERSERIE

'Claude Monet' ist nur eine Sorte einer ganzen Reihe von mehrfarbigen, sogenannten «Malerrosen» aus dem Hause Delbard. Alle tragen Blüten, die aussehen, als habe ein impressionistischer Künstler sie entworfen

'Climbing Cécile Brunner'

Die Blüten dieser Rambler-Rose sehen aus wie Teehybriden, sind aber nur fünf Zentimeter groß. Sie erscheinen in großen Gruppen, stehen aber einzeln auf ihren Stielen. Sie sind hellrosa gefärbt und haben einen süßen Duft. Die Pflanze ist sehr gesund, hat dunkelgrüne Blätter und nahezu stachellose Triebe.

Höhe und Breite
7,50 × 1,80 Meter

Standort volle Sonne oder Halbschatten

Blütezeit
Hochsommer bis Frühherbst (öfter blühend)

Duft
mittelschwer

KULTUR

'Climbing Cécile Brunner' eignet sich zum Klettern in einen großen oder kleinen Baum, weil sie sehr wüchsig ist und Schatten gut verträgt (siehe «Rosen für schattige Standorte», Seite 54). Auch auf einer großen Pergola macht sie eine gute Figur, eventuell in Kombination mit anderen Rosen oder Kletterpflanzen wie Waldreben. Bei der Pflanzung ist es wichtig, ausreichende Abstände einzuhalten, um ihre Wurzeln vor Konkurrenz durch andere Pflanzen zu schützen. In feuchtem, aber gut durchlässigem Boden wächst diese Rambler-Rose schnell.

BLÜTENSCHMUCK
Weil die kleinen, perfekt geformten Blüten an langen, einzelnen Stielen stehen, eignen sie sich bestens als Ansteckblume.

'Compassion'

'Compassion' ist eine moderne Kletterrose mit Blüten, deren Form an Teehybriden erinnert. Sie sind lachsrosa bis apricotfarben, und die Basis der inneren Kronblätter ist hellgelb. Die Rose bildet zahlreiche Gruppen aus bis zu fünf Einzelblüten mit süßem Duft, die sich gut gegen das gesunde, dunkelgrün glänzende Laub abheben.

Höhe und Breite
4 × 2 Meter

Standort volle Sonne oder Halbschatten

Blütezeit
Hochsommer bis Frühherbst (öfter blühend)

Duft
stark

KULTUR

Wegen des gut verzweigten Wuchses sieht diese Rose an einer Mauer oder einem Zaun attraktiv aus (siehe «Rosen am Wandspalier», Seite 100). Man kann sie auch an Drähten um den Hauseingang leiten. An einem Pfeiler ist es wichtig, die Triebe möglichst waagerecht zu führen, weil sie dann am besten blühen. Wenn ausreichend Platz vorhanden ist, empfehlen sich blaue Katzenminze oder Weicher Frauenmantel als Unterpflanzung. 'Compassion' bevorzugt volle Sonne, toleriert aber auch Halbschatten. Sie sollte in nährstoffreichen, feuchten und gut durchlässigen Boden gepflanzt werden.

DAUERBRENNER
'Compassion' wurde 1972 gezüchtet und hat seitdem nicht an Beliebtheit verloren. Die Gründe dafür sind die lange Blütezeit, die duftenden, gut für den Schnitt geeigneten Blüten sowie die Krankheitsresistenz.

'Comtesse du Caÿla'

Die anmutige, reich blühende 'Comtesse du Caÿla' fasziniert mit ihren Farben. Die Blüten sind lachsrosa und orangefarben, und jedes Kronblatt wird zur Basis hin gelb. Die halb gefüllten Blüten stehen meist einzeln, manchmal auch in kleinen Gruppen. Das Laub ist im Austrieb rötlich-violett und bildet einen starken Kontrast zu den ersten Blüten. Die Triebe sind recht verzweigt und relativ dünn, sodass die Blüten zum Nicken neigen.

KULTUR

Pflanzen Sie diese Rose am besten in den Vordergrund eines gemischten Beets und kombinieren Sie sie mit Arten unterschiedlicher Blütezeit (siehe «Rosen in gemischten Beeten», Seite 38). Klassische Begleiter der 'Comtesse du Caÿla' sind blaue Perowskien, auch die kleinere Sorte 'Little Spire', sowie Salbei-Arten, vor allem solche mit Blüten in Weiß oder Rosa. 'Comtesse du Caÿla' fühlt sich auch in einem geräumigen Kübel wohl (siehe «Rosen im Kübel ziehen», Seite 122). Sie ist recht bescheiden und toleriert auch magere Böden, gedeiht aber am besten in nährstoffreichem Boden und voller Sonne. In heißen Sommern fällt die Blüte besonders üppig aus.

TRADITIONSZUCHT

'Comtesse du Caÿla' entstand 1902 in dem französischen Rosenzuchtbetrieb Guillot, der 1829 gegründet wurde und noch heute, fast 200 Jahre später, erfolgreich Rosenhybriden hervorbringt.

'Constance Spry'

Synonyme: 'Ausfirst', 'Austance'

Die wüchsige Kletterrose trägt gefüllte rosa Blüten mit dunklerer Mitte. Die Blüten mit tiefer Schalenform stehen in kleinen Gruppen und können bei guten Bedingungen die ganze Pflanze bedecken. In voller Blüte sieht diese Rose atemberaubend aus. Die großen, matten, dunkelgrünen Blätter bringen die herrlichen Blüten optimal zur Geltung.

KULTUR

Weil 'Constance Spry' recht hoch wird, kann man sie sehr gut an einer Hauswand, einem hohen Zaun oder einer Pergola ziehen (siehe «Rosen am Wandspalier», Seite 100). Umrahmt sie den Hauseingang, kann man ihren Duft gut genießen. Wie die meisten Rosen bevorzugt sie volle Sonne, wächst aber an Wänden jeder Ausrichtung und verträgt ein gewisses Maß an Schatten (siehe «Rosen für schattige Standorte», Seite 54). Sie gedeiht gut in nährstoffreichen Böden mit gutem Wasserhaltevermögen, toleriert aber auch andere Böden.

FLORISTIN IHRER MAJESTÄT

Diese Rose wurde nach der bahnbrechenden, einflussreichen Floristin Constance Spry (1886–1960) benannt, die 1952 den Blumenschmuck zur Krönungsfeier von Königin Elizabeth II. gestaltete.

'Darcey Bussell'

Synonym: 'Ausdecorum'

Die leuchtend purpurroten Blüten von 'Darcey Bussell' haben eine perfekte Rosettenform. Sie sind vollständig gefüllt und färben sich mit zunehmender Reife leicht violett, wobei die gelben Staubgefäße zum Vorschein kommen. Diese Rose bildet monatelang Blüten in großer Zahl und zeichnet sich durch gesundes Laub und gute Krankheitsresistenz aus.

Höhe und Breite
1,25 × 1,25 Meter

Standort
volle Sonne

Blütezeit
spätes Frühjahr bis Spätsommer (öfter blühend)

Duft
mittelschwer

KULTUR

Mit ihrem kompakten und buschigen Wuchs eignet sich 'Darcey Bussell' ausgezeichnet für einen geräumigen Kübel (siehe «Rosen im Kübel ziehen», Seite 122) oder für den vorderen Bereich eines gemischten Beets. Auch im Vordergrund eines Rosenbeets macht sie sich gut. Sie kann einzeln oder in Kombination mit andersfarbigen Rosen als niedrige bis mittelhohe Hecke gepflanzt werden (siehe «Eine Rosenhecke pflanzen», Seite 130). Sie braucht zwar einen sonnigen Standort, gedeiht aber auf Böden aller Art.

PREISGEKRÖNT

Dame Darcey Bussell ist eine hochgelobte britische Ballerina, die im Alter von nur zwanzig Jahren zur Primaballerina des Royal Ballet ernannt wurde. Sie erhielt viele Auszeichnungen und wurde 2018 in den Adelsstand erhoben. Die nach ihr benannte Rose hat ebenfalls Auszeichnungen gewonnen, darunter den Chauncey Beadle Award für die beste Strauchrose 2013 (im Rahmen der Biltmore International Rose Trials in den USA).

'Double Delight'

Synonym: 'Andeli'

Höhe und Breite
90 × 60 Zentimeter

Standort
volle Sonne

Blütezeit
Hochsommer bis Spätherbst (öfter blühend)

Duft
stark

'Double Delight' ist eine auffällige Rose mit bezaubernden Blüten in Cremeweiß und Kirschrot. Voll geöffnet erreichen die Blüten Durchmesser von bis zu zwölf Zentimetern. Die roten Blütenränder sind schon im späten Knospenstadium gut zu erkennen. Jede Blüte ist ein Unikat. Die Rose ist wüchsig und hat eine buschige Gestalt.

KULTUR

Pflanzt man diese Rose in einen großen Kübel (siehe «Rosen im Kübel ziehen», Seite 122) auf der Terrasse, kann man ihren schweren Duft am besten genießen. Sie eignet sich aber auch gut als Blickfang in einem gemischten Beet (siehe «Rosen in gemischten Beeten», Seite 38). Empfehlenswert ist ein sonniger Platz, denn bei Hitze fällt die Blütenfärbung intensiver aus. 'Double Delight' bevorzugt feuchten, aber gut durchlässigen Boden.

BERÜHMTHEIT

Diese amerikanische Sorte hat viele Preise gewonnen und ist eine der meistgezüchteten Rosen der Welt. Im Jahr 1985 wurde 'Double Delight' von der World Federation of Rose Societies in die «Hall of Fame» der Rosen aufgenommen und zur «Weltrose» erklärt.

'Felicia'

Die kräftige, gesunde und krankheitsresistente 'Felicia' blüht sehr üppig. Sie trägt große, lockere Gruppen aus bis zu 15 gefüllten Blüten mit blassrosa Kronblättern, die zur Mitte hin lachsrosa werden. In der Spätsaison können die Gruppen sogar 30 und mehr Blüten umfassen, unter deren Gewicht sich die langen, geschmeidigen Triebe biegen.

Höhe und Breite
1,80 × 1,80 Meter

Standort volle Sonne oder Halbschatten

Blütezeit
Frühsommer bis Frühherbst (öfter blühend)

Duft
stark

KULTUR

Wegen ihres aufrechten, buschigen Wuchses eignet sich 'Felicia' hervorragend als Solitärpflanze, vor allem in der Nähe eines Sitzplatzes, wo man ihren Duft genießen kann. Sie kann auch mit Stauden kombiniert (siehe «Rosen in gemischten Beeten», Seite 38) oder als duftende Hecke gepflanzt werden (siehe «Eine Rosenhecke pflanzen», Seite 130). In voller Sonne ist der Duft am intensivsten. 'Felicia' bevorzugt feuchten, aber gut durchlässigen Boden.

FERTIGER STRAUSS
Wegen der langen Blütenstiele eignet sich 'Felicia' hervorragend als Schnittblume. Ihre großen Blütenbüschel, die an einem einzigen Stiel sitzen, füllen die Vase schnell und verbreiten einen herrlichen Duft.

Stecklingsvermehrung in Wasser

Dies ist eine relativ schnelle und unkomplizierte Methode, um Nachwuchs der Lieblingsrosen im Garten zu züchten. Sie funktioniert mit den meisten Rosenarten.

Schneiden Sie die Stecklinge im Frühsommer, wenn die Rosen im vollen Wachstum sind. Dazu benötigen Sie eine saubere, scharfe Rosenschere und robuste Gartenhandschuhe. Wählen Sie nur gesunde Rosen aus, und schneiden Sie nur Stecklinge von Trieben, die frei von Krankheiten und Schädlingen ist. Die Stecklinge sollten etwa bleistiftdick (acht Millimeter) sein und von grünen, reifen und nicht zu weichen Trieben stammen. Ältere, braune Triebe sind ungeeignet.

Die Stecklingsvermehrung bringt relativ schnell Ergebnisse. Mit etwas Glück bilden die Stecklinge bereits nach drei bis sechs Wochen Wurzeln und Sie können neue Rosen pflanzen.

1. Schneiden Sie mit der Rosenschere Stecklinge von der gewünschten Rose. Geschnitten wird direkt über einem Auge, also dort, wo die Blätter am Trieb sitzen.
2. Kürzen Sie den Steckling auf eine Länge von 10–15 Zentimetern, schneiden Sie dabei direkt unter einem Auge. Aus längeren Trieben mit vier oder fünf Augen können mehrere Stecklinge geschnitten werden.
3. Füllen Sie ein kleines Glas mit lauswarmem Wasser und legen Sie ein Stück Holzkohle hinein, damit das Wasser länger frisch bleibt.
4. Entfernen Sie die unteren Blätter von den Stecklingen. Stellen Sie die Stecklinge ins Wasser und das Glas an einen hellen Platz (nicht in die pralle Sonne). Erneuern Sie das Wasser, wenn es trüb wird oder unangenehm riecht.
5. Wenn sich Wurzeln gebildet haben, pflanzen Sie die Stecklinge in Zweilitertöpfe mit Erdsubstrat. Stechen Sie mit einem Stab Löcher ins Substrat und setzen Sie die Stecklinge vorsichtig hinein, damit die zarten Wurzeln nicht beschädigt werden.
6. Gießen Sie die Stecklinge gut an und stellen Sie die Töpfe an einen sonnigen Platz im Garten. Gießen Sie regelmäßig, ohne die Erde zu feucht zu halten. Im folgenden Frühjahr können die Jungpflanzen ins Beet oder in einen großen Kübel gepflanzt werden.

Rosa filipes 'Kiftsgate'

Die außerordentlich kräftige und wüchsige 'Kiftsgate' blüht im Hochsommer, also etwas später als die meisten Rambler-Rosen. Sie trägt zahllose ungefüllte weiße Blüten mit hübschen gelben Staubgefäßen, die riesige Kaskaden aus bis zu hundert Einzelblüten bilden. Im Herbst bilden sich ebenso viele kleine, orangefarbene Hagebutten.

Höhe und Breite
10 × 8 Meter

Standort
volle Sonne oder Halbschatten

Blütezeit
Hochsommer

Duft
stark

KULTUR

Die 'Kiftsgate' ist wahrscheinlich die wüchsigste aller Rosen, und sie eignet sich nicht für einen kleinen Garten. Sie bevorzugt volle Sonne und fruchtbaren, feuchten, aber gut durchlässigen Boden. Da sie aber auch Halbschatten verträgt, eignet sich 'Kiftsgate' hervorragend, um in einen großen Baum hineinzuwachsen, dessen Krone sie schnell erobert. Man kann sie auch an einer stabilen Pergola wachsen lassen und dort die Blütenfülle und den Duft gut genießen. Falls nötig, wird die Rose jährlich im Spätherbst oder Winter geschnitten, um sie unter Kontrolle zu halten.

REKORDGRÖSSE
Das erste Exemplar der 'Kiftsgate' wurde 1938 gepflanzt; es wächst noch immer in den Kiftsgate Court Gardens in der englischen Grafschaft Gloucestershire. Das Exemplar gilt als größte Rose Englands.

'Frau Karl Druschki'

'Frau Karl Druschki' trägt länglich-spitze, rosa überhauchte Knospen, die sich zu großen, gefüllten Blüten öffnen. Sie sind weiß oder manchmal wie die Knospen rosa überhaucht. Die Blüten bilden einen schönen Kontrast zu dem dunkelgrünen Laub. Wie bei vielen weißen Rosen leiden die Blüten durch Regen.

Höhe und Breite
1,80 × 1,00 Meter

Standort
volle Sonne

Blütezeit
Frühsommer bis Frühherbst (öfter blühend)

Duft
geruchlos

KULTUR

Da die Rose nicht duftet, kann man sie getrost in den hinteren Bereich eines gemischten Beets (siehe «Rosen in gemischten Beeten», Seite 38) oder in ein Rosenbeet pflanzen. Weil sie anfällig für Mehltau ist, braucht sie viel Platz und eine gute Luftzirkulation. 'Frau Karl Druschki' bevorzugt volle Sonne. Ansonsten ist sie nicht anspruchsvoll und gedeiht in den meisten Böden.

PRÄSIDENTENGATTIN
Benannt wurde die Rose nach der Gattin von Karl Druschki, einem Präsidenten der Deutschen Rosengesellschaft im späten 19. Jahrhundert.

Rosa gallica 'Versicolor'

Synonyme: Rosa mundi, Essigrose

Diese prächtige alte Rose hat halb gefüllte, magentafarbene Kronblätter mit unregelmäßigen weißen Streifen und Flecken. Die auffälligen Blüten bilden einen guten Kontrast zu den groben, mittelgroßen Blättern. *R. gallica* 'Versicolor' ist generell recht krankheitsresistent, kann aber gelegentlich von Mehltau befallen werden (siehe Seite 137). Sie ist ein Sport von *R. g.* 'Officinalis'.

Höhe und Breite
1,25 x 1,25 Meter

Standort
volle Sonne oder Halbschatten

Blütezeit
Hochsommer

Duft
mittelschwer

KULTUR

Pflanzen Sie diese Rose als zarten Farbtupfer in ein gemischtes Beet (siehe «Rosen in gemischten Beeten», Seite 38) oder als attraktive, sommerblühende Hecke (siehe «Eine Rosenhecke pflanzen», Seite 130). Sie gedeiht in den meisten Böden in der Sonne oder im Halbschatten und kommt auch mit schattigen Plätzen zurecht. Wie die meisten Rosen wächst sie aber besser unter günstigeren Bedingungen – volle Sonne und fruchtbarer, feuchter, aber gut durchlässiger Boden. Sie neigt zur Bildung von Wildtrieben, die regelmäßig entfernt werden sollten (siehe Seite 31).

ALTE DARSTELLUNG

Bei den Rosen im Hintergrund des Gemäldes *La Vergine adora il bambino che dorme,* das der italienische Maler Sandro Botticelli im 15. Jahrhundert schuf, handelt es sich höchstwahrscheinlich um *R. gallica* 'Versicolor'.

Rotblättrige Rose

Rosa glauca, Synonyme: Hecht-Rose, Bereifte Rose

Die Rotblättrige Rose trägt an ihren langen, flexiblen, rötlichen Trieben nur wenige Stacheln. Die blaugrünen bis violett-mauvefarbenen Blätter bilden einen reizvollen Kontrast zu den kleinen, ungefüllten Blüten. Diese sind rosa mit hellerer oder weißer Mitte. Die leuchtend roten Hagebutten erscheinen im Herbst und bilden einen schönen Schmuck für den winterlichen Garten, da sie monatelang halten.

Höhe und Breite
2,50 × 1,50 Meter

Standort
volle Sonne oder Halbschatten

Blütezeit
Sommer

Duft
schwach

KULTUR

Diese Wildrose ist ideal für den hinteren Teil eines Beetes, wo ihre hohen Triebe anderfarbene Pflanzen überragen. Die unteren Triebe neigen zum Verkahlen, doch dieses Manko lässt sich leicht durch Zwiebelblumen, Stauden oder niedrigere Rosen verdecken. Sie bevorzugt feuchten, aber gut durchlässigen Boden. Die beste Laubfärbung entwickelt sich an einem vollsonnigen Standort.

DREIFACH SCHÖN

Die Rotblättrige Rose ist wegen ihrer ungewöhnlichen Blattfarbe eine Bereicherung für Blumensträuße. Auch die Hagebutten sehen in der Vase attraktiv aus.

'Graham Thomas'

Synonym: 'Ausmas'

Die 'Graham Thomas' trägt gefüllte, schalenförmige, mittelgroße Blüten in einem ungewöhnlich satten, reinen Gelb. Sie erscheinen den ganzen Sommer über in kleinen Gruppen und heben sich gut von dem glänzenden, hellgrünen Laub ab. Diese Sorte bildet einen kleinen, kräftigen, aufrechten Strauch mit guter Krankheitsresistenz.

Höhe und Breite
1,25 × 1,25 Meter

Standort volle Sonne oder Halbschatten

Blütezeit
Frühsommer bis Spätherbst (öfter blühend)

Duft
mittelschwer

KULTUR

Gelbe Rosen wirken besonders gut in einem gemischten Beet mit Blau- und Violetttönen. Schöne Begleiter für 'Graham Thomas' sind beispielsweise Rittersporn, Bartfaden und Fingerhut (siehe «Rosen in gemischten Beeten», Seite 38). Auch in einem großen Topf (siehe «Rosen im Kübel ziehen», Seite 122) auf der Terrasse macht sie eine gute Figur. Sie toleriert Halbschatten und alle Böden, bevorzugt aber einen sonnigen Platz in feuchtem, gut durchlässigem Boden.

HANDVERLESEN

Graham Thomas war ein renommierter britischer Gärtner des 20. Jahrhunderts, der viele alte Gartenrosen sammelte. Auf seinem Werk basiert die Sammlung alter Strauchrosen (Sorten aus der Zeit vor 1900) in Mottisfont Abbey in der englischen Grafschaft Hampshire.

'Happy Days'

Synonym: 'Harquad'

Die 'Happy Days' trägt Gruppen von fünf bis neun halb gefüllten, apricot-pfirsichfarbenen Blüten mit einem herrlichen Moschusduft. Die kleinen Blüten (fünf Zentimeter Durchmesser) heben sich gut von dem tiefgrünen Laub ab. Wenn sie vollständig geöffnet sind, sieht man im Zentrum die goldgelben Staubgefäße, die eine große Anziehungskraft auf Bienen und andere Bestäuber besitzen.

Höhe und Breite
60 × 80 Zentimeter

Standort volle Sonne oder Halbschatten

Blütezeit
Frühsommer bis Frühherbst (öfter blühend)

Duft
mittelschwer

KULTUR

Diese Patiorose wächst kompakt und ist etwas breiter als hoch, darum ist sie eine gute Wahl für die Kultivierung im Kübel oder Topf auf einer Terrasse (siehe «Rosen im Kübel ziehen», Seite 122). Sie eignet sich auch für eine Bepflanzung im Vordergrund eines kleinen gemischten Beetes (siehe «Rosen in gemischten Beeten», Seite 38). 'Happy Days' wächst am besten in voller Sonne und feuchtem, aber durchlässigem, fruchtbarem Boden. Schneiden Sie die Pflanzen im Winter stark zurück, damit sie nicht zu staksig werden (siehe Seite 29).

UNGEWÖHNLICHE DUFTQUELLE

Während die meisten Rosen duftende Kronblätter besitzen, sind es bei 'Happy Days' die Staubgefäße, die den ganzen Sommer lang den Moschusduft verströmen.

Rosa helenae

R. helenae ist eine wilde Rambler-Rose mit langen, überhängenden Trieben, die riesige Gruppen kleiner, schneeweißer Blüten mit starkem Duft tragen. Die Rose blüht nur einmal im Sommer, schmückt sich aber im Herbst mit ebenfalls attraktiven ovalen, orangefarbenen Hagebutten.

KULTUR

Diese Rambler-Rose braucht viel Platz, um sich gut zu entwickeln. An einer stabilen Pergola kommt sie gut zur Geltung. Man kann sie auch in einen Baum wachsen lassen, denn sie toleriert ein gewisses Maß an Schatten und findet mit den gekrümmten Stacheln guten Halt im Geäst. *Rosa helenae* bevorzugt volle Sonne und gedeiht auf allen Böden, sofern sie nicht zu schwer oder staunass sind.

SAMMLERGATTIN

Helen war die Gattin des berühmten Pflanzensammlers Ernest Wilson, der diese Rose im Jahr 1900 fand.

'Schneewittchen'

Synonyme: 'Fée de Neiges', 'Iceberg', 'Korbin'

Dank ihrer schneeweißen Blüten mit einem Hauch von Zitronengelb an der Basis der Blütenblätter hat diese Rose seit ihrer Züchtung in Deutschland im Jahr 1958 nicht an Beliebtheit verloren hat. Die halb gefüllten Blüten, die voll geöffnet ihre goldgelben Staubgefäße zeigen, werden über einen langen Zeitraum hinweg in großer Zahl gebildet.

Höhe und Breite
1,25 × 1,00 Meter

Standort volle Sonne oder Halbschatten

Blütezeit
Frühsommer bis Spätherbst (öfter blühend)

Duft
schwach

KULTUR

Obwohl 'Schneewittchen' oft als Hochstamm in einem großen Pflanzgefäß kultiviert wird (siehe «Rosen im Kübel ziehen», Seite 122), verträgt sie sich auch sehr gut mit anderen hellen Rosen, vor allem mit Sorten, die rosa- oder fliederfarben blühen. Wegen ihres aufrecht-buschigen Wuchses kann sie auch als Hecke gepflanzt werden (siehe «Eine Rosenhecke pflanzen», Seite 130). Diese Rose gedeiht am besten in voller Sonne in einem gut durchlässigen Boden, verträgt aber auch leichten Schatten. Bei Feuchtigkeit kann Sternrußtau auftreten (siehe Seite 137), daher sollte die Rose an einem Platz mit guter Luftzirkulation gepflanzt werden.

PFLANZE DES JAHRZEHNTS

'Schneewittchen' sorgte für großes Aufsehen, als sie 1958 auf der Chelsea Flower Show vorgestellt wurde. 2013 wurde sie von der Royal Horticultural Society zur Pflanze des Jahrzehnts 1953–1962 gekürt und kam in die engere Auswahl für die Pflanze des Jahrhunderts.

'Kew Gardens'

Synonym: 'Ausfence'

Diese kräftige Strauchrose bildet Gruppen von apricotfarbenen Knospen, die sich zu schneeweißen Blüten mit gelber Mitte und gelben Staubgefäßen öffnen. Sie blüht anhaltend über einen längeren Zeitraum hinweg, länger als die meisten anderen Rosen. Dabei ist sie fast stachellos und bemerkenswert gesund.

KULTUR

'Kew Gardens' ist so vielseitig, dass sich in jedem Garten ein Platz für sie finden lässt. Sie kann im Topf oder Container kultiviert werden (siehe «Rosen im Kübel ziehen», Seite 122). In den Royal Botanic Gardens in Kew steht sie in gemischten Beeten, welche sie mit ihrer langen Blütezeit aufwertet (siehe auch «Rosen in gemischten Beeten», Seite 38). Sie verträgt magere Böden, Wind und exponierte Standorte und eignet sich besonders gut als Hecke (siehe «Eine Rosenhecke pflanzen», Seite 130). Feuchte, aber gut durchlässige Böden und volle Sonne werden bevorzugt; die Sorte toleriert aber auch Halbschatten (siehe auch «Rosen für ungeschützte Standorte», Seite 76).

JUBILARIN

Benannt wurde diese Rose anlässlich des 250-jährigen Jubiläums der Royal Botanic Gardens in Kew im Jahr 2009.

'Kew Rambler'

Diese blühfreudige Rambler-Rose trägt große Gruppen kleiner, rosafarbener Einzelblüten mit weißer Mitte, die lange halten. Ihre weißen Zentren bringen die goldgelben Staubgefäße, welche Insekten anlocken, schön zur Geltung. Die hellen Blüten bilden einen schönen Kontrast zu dem graugrünen, glänzenden Laub. Aus den Blüten reifen im Herbst zahlreiche orangefarbene Hagebutten heran.

Höhe und Breite
6,00 × 2,50 Meter

Standort
volle Sonne oder Halbschatten

Blütezeit
Frühsommer

Duft
stark

KULTUR

Die unkomplizierte 'Kew Rambler' kann man gut an einem Spalier oder mittels Drähten an einer schattigen Wand ziehen (siehe «Rosen am Wandspalier», Seite 100). Mit den stacheligen Trieben findet die Rose auch in einem Baum guten Halt. Ebenso kann sie Pfeiler, eine Pergola oder ein Dach erklimmen und im Sommer mit Blüten überschütten. Die Rose toleriert alle Bodentypen, wächst aber am besten in feuchtem, gut durchlässigem Boden (siehe auch «Rosen für schattige Standorte», Seite 54).

KÖNIGLICHER ZUCHTERFOLG

'Kew Rambler' wurde 1913 in den Royal Botanic Gardens in Kew gezüchtet. Es handelt sich um eine Kreuzung aus der Wildrose *Rosa soulieana* und der Rambler-Rose 'Hiawatha'

Rosen für ungeschützte Standorte

Viele Pflanzen tun sich mit exponierten Standorten schwer, aber es gibt einige Rosen, die solchen Herausforderungen gewachsen sind. Die mit Abstand besten Rosen für schwierige Bedingungen sind die Kartoffel-Rose *(Rosa rugosa)* und ihre Cultivare, weil alle dicht und buschig wachsen und auch als Hecke gepflanzt werden können (siehe «Eine Rosenhecke pflanzen», Seite 130). Die natürliche Heimat dieser Rose sind die offenen, windgepeitschten Sanddünen Russlands und Japans, wo sie nicht nur dem Wind ausgesetzt ist, sondern auch mit Frost zurechtkommen muss. Auch ihre attraktiven, dicken, gefältelten Blätter sind sehr widerstandsfähig gegen Krankheiten.

Gerade an schwierigen Standorten ist es wichtig, geeignete Pflanzen zu wählen und diese während der ganzen Vegetationsperiode gut mit Nährstoffen, Wasser und Mulch zu versorgen. Achten Sie bei Rosen vor allem darauf, dass die Art oder Sorte kräftig ist, stabile Triebe bildet und nicht zu hoch wächst. Schutz bietet auch eine Gruppenpflanzung. Wurzelnackte Pflanzen wachsen am besten an, da sie anfangs wenig Windwiderstand bieten. Es ist allerdings sinnvoll, sie mit einer Stütze zu stabilisieren, bis sie gut verwurzelt sind. Sonst kann der Wind die Pflanzen erschüttern und so die Bildung eines starken Wurzelsystems hemmen. Im Herbst und Winter sollten lange Triebe zurückgeschnitten werden, um den Winddruck zu verringern.

WEITERE ROSEN FÜR UNGESCHÜTZTE STANDORTE

'Ballerina': wüchsige, blühfreudige, relativ niedrige Rose mit Gruppen ungefüllter rosa Blüten

'Blanc Double de Coubert': öfter blühende Strauchrose mit großen, halb gefüllten, duftenden Blüten in Weiß

Dunwich-Rose: gedrungener Habitus durch lang überhängende Triebe, zahlreiche cremeweiße Blüten

'Dagmar Hastrup': buschige Strauchrose mit silbrig-rosa Blüten und dunkelroten Hagebutten

'Hansa': öfter blühende Strauchrose mit duftenden Blüten in rötlichem Violett

'Swany': Bodendeckerrose mit dunkelgrün glänzendem Laub und zahlreichen Gruppen gefüllter weißer Blüten

'The Fairy': Zwergstrauchrose mit zahllosen winzigen, rundlichen rosa Blüten über einen langen Zeitraum

'Tottering-by-Gently': Englische Rose mit ungefüllten gelben Blüten an langen, überhängenden Trieben

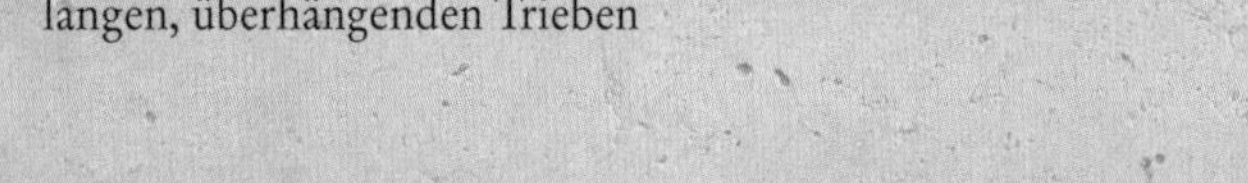

1. Den Boden im Pflanzbereich vorbereiten und mit Kompost oder verrottetem Stallmist vermischen.
2. Das Pflanzloch so tief ausheben, dass die Veredelungsstelle acht Zentimeter unter der Erdoberfläche liegt. Zur Kontrolle die Rose ins Pflanzloch stellen.
3. Die Rose ins Pflanzloch setzen und neben ihr eine Stütze in den Boden einschlagen.
4. Das Pflanzloch auffüllen und zwischendurch die Erde gut andrücken, um Lufteinschlüsse zu vermeiden.
5. Die neue Rose an die Stütze binden und gründlich angießen.

'La France'

Die hübschen, silbrig-rosa Blüten sind hoch gebaut und zeigen sich, wenn sie ganz geöffnet sind, als dicht gefüllt. Ihr Duft ist intensiv. Die Blüten stehen einzeln an langen Stielen und neigen wegen ihres Gewichts zum Nicken. Trotzdem eignen sie sich hervorragend für die Vase. In heiß-trockenem Klima blüht 'La France' den ganzen Sommer lang unermüdlich.

Höhe und Breite
1,25 × 1,00 Meter

Standort
volle Sonne

Blütezeit
Hochsommer bis Spätherbst (öfter blühend)

Duft
stark

KULTUR

'La France' passt gut in ein gemischtes Beet (siehe «Rosen in gemischten Beeten», Seite 38), vor allem zusammen mit anderen Rosen in Pastellfarben. In einem großen Kübel (siehe «Rosen im Kübel ziehen», Seite 122) an einem Sonnenplatz in der Nähe der Sitzecke kann man ihren Duft am besten genießen. Unter feuchten Bedingungen sind die Blätter etwas anfällig für Krankheiten (siehe «Rosenrost», Seite 138, und «Sternrußtau», Seite 137), darum ist ein offener, sonniger Standort mit feuchtem, aber durchlässigem Boden für diese Rose besonders wichtig.

DIE ERSTE MODERNE ROSE

'La France' ist von historischer Bedeutung, weil sie 1867 als erste Teehybride eingeführt wurde. Dieses Datum gilt als Geburtsstunde der modernen Rosen.

'Lady Hillingdon'

'Lady Hillingdon' ist eine altmodische Rose mit viel Charakter. Elegante bernsteingelbe, gefüllte Blüten stehen in Gruppen aus bis zu sieben Einzelblüten und verblassen mit der Reife zu Cremeweiß. Die Rose blüht unermüdlich vom Frühsommer bis zum Ende der Wachstumssaison oder bis zum ersten Frost. Die Triebe und jungen Blätter in dunklem Karminrot kontrastieren mit den hellen Blüten.

Höhe und Breite
1 × 1 Meter

Standort
volle Sonne

Blütezeit
Frühsommer bis Mitte Herbst (öfter blühend)

Duft
stark

KULTUR

Dies ist eine ideale Rose für einen kleinen Garten. Sie wächst relativ kompakt und buschig, ist sehr blühfreudig und hat den typischen intensiven Duft alter Rosen. 'Lady Hillingdon' gedeiht gut in einem Kübel auf einer Terrasse (siehe «Rosen im Kübel ziehen», Seite 122). Im Beet sollte sie im Vordergrund stehe, damit man ihren Duft genießen kann (siehe «Rosen in gemischten Beeten», Seite 38). Sie gedeiht auf den meisten Böden, benötigt aber einen sonnigen Standort, um bis in den Herbst hinein ausdauernd zu blühen.

VARIANTE
Rosa 'Climbing Lady Hillingdon' ist die kletternde Variante der eigentlich buschigen 'Lady Hillingdon'. Sie wird etwa fünf Meter hoch. Ihre Blüten sind etwas größer als die der 'Lady Hillingdon' und duften ebenso intensiv.

'Lady of Shalott'

Synonym: 'Ausnyson'

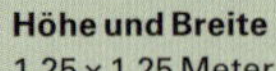

Höhe und Breite
1,25 × 1,25 Meter

Standort volle Sonne oder Halbschatten

Blütezeit
Frühsommer bis Spätherbst (öfter blühend)

Duft
mittelschwer

Das im Austrieb bronzerote Laub bildet einen reizvollen Kontrast zum ersten Blütenflor dieser kräftigen englischen Strauchrose, die an geschmeidigen Trieben zahlreiche Blüten in leuchtendem Apricot bis Orange trägt. 'Lady of Shalott' blüht unermüdlich bis in den Herbst hinein und zeichnet sich durch gute Krankheitsresistenz aus.

KULTUR

Sehr schön sieht 'Lady of Shalott' in einem gemischten Beet zusammen mit Blüten in helleren Blautönen aus, beispielsweise von Katzenminze oder Argentinischem Eisenkraut (siehe auch «Rosen in gemischten Beeten», Seite 38). Wegen ihrer Höhe sollte diese Rose im mittleren Bereich des Beets stehen. Sie kann auch für eine farbenfrohe, blühende Hecke verwendet werden (siehe «Eine Rosenhecke pflanzen», Seite 130). Die Blüte fällt am besten an einem vollsonnigen Standort aus. Die Rose verträgt aber auch etwas Schatten und gedeiht auf allen Böden.

WÜRZIG

Die Blüten der 'Lady of Shalott' haben einen ungewöhnlichen Duft mit Anklängen von Äpfeln und Gewürznelken.

'Lavender Jewel'

Höhe und Breite
45 × 30 Zentimeter

Standort
volle Sonne

Blütezeit
Frühsommer bis Spätherbst (öfter blühend)

Duft
schwach

'Lavender Jewel' trägt üppige Gruppen von bis zu sieben Blüten in zartem Lavendel und Rosa. Die gefüllten Blüten sind schalenförmig und in voller Reife fast flach. Die gesunde, wüchsige Rose besitzt eine gute Krankheitsresistenz. Sie hat dunkelgrünes, glänzendes Laub und blüht den ganzen Sommer über.

KULTUR

Wegen ihres niedrigen, kompakten Wuchses ist 'Lavender Jewel' eine perfekte Kandidatin für einen Kübel (siehe «Rosen im Kübel ziehen», Seite 122) oder einen kleinen Garten (siehe «Zwergrosen pflegen», Seite 82). Man kann sie aber auch einzeln oder als Gruppe in ein kleines Beet pflanzen, denn ihre Pastelltöne vertragen sich gut mit anderen Blütenfarben. Sie benötigt feuchten, gut durchlässigen Boden in voller Sonne.

EINE DER BESTEN
Wegen ihrer Blühfreude, ihrer besonderen Blütenfarbe und ihrer Krankheitsresistenz gilt 'Lavender Jewel' seit Jahren als hervorragende Zwergrose.

Zwergrosen pflegen

Die Kultur von Zwergrosen ist recht einfach und unterscheidet sich nicht wesentlich von der Pflege anderer Rosen. Zwergrosen gedeihen gut in Kübeln (siehe «Rosen im Kübel ziehen», Seite 122), passen wegen ihrer geringen Größe aber auch an den Rand eines Beets oder in einen Steingarten. In einer hängenden Ampel kann man die hübschen Blüten auf Augenhöhe bewundern. Es ist sogar möglich, eine oder zwei Zwergrosen in einem Blumenkasten zu halten.

Die Größe von Zwergrosen variiert zwischen 20 und 45 Zentimetern. Bei der Pflanzung im Kübel und vor allem in einer Ampel ist es darum wichtig, eine Rose zu wählen, die zur Größe des Gefäßes passt. Verwenden Sie immer ein hochwertiges Erdsubstrat, das sich auch für Sträucher in Kübeln eignet und bei Bedarf nachgedüngt werden kann.

Zwergrosen müssen im Sommer regelmäßig Wasser und Dünger bekommen; öfter blühende Sorten sollten ausgeputzt werden. Beim Rückschnitt im Spätwinter entfernen Sie zuerst abgestorbene oder kranke Triebe und kürzen dann die Triebe insgesamt um etwa ein Drittel ein, um neues Wachstum zu fördern.

Miniaturrosen in Töpfen werden gern verschenkt, fühlen sich langfristig im Zimmer aber nicht wohl. Wie alle Rosen brauchen sie viel Sonne und sollten bald ins Freie ausgepflanzt werden.

ZWERGROSEN FÜR BEETE UND KÜBEL

'Cri Cri': buschige Rose von ca. dreißig Zentimetern Höhe mit gefüllten Blüten in Lachsrosa

'Jeanne Lajoie': kletternde Zwergrose, zwei bis drei Meter hoch und sehr blühfreudig; rundliche, gefüllte Blüten in Rosa

'Lavender Jewel': bildet den ganzen Sommer lang zahlreiche Blüten in Rosa und Lavendel, wird etwa fünfzig Zentimeter hoch (siehe Seite 81)

'Little Rambler': Miniatur-Rambler-Rose, ca. zwei Meter hoch, mit dichten Gruppen von rosa Blüten

'Mr Bluebird': halb gefüllte magentarote Blüten mit weißem Zentrum; dreißig Zentimeter hoch

1. Die Rose gut wässern, abtropfen lassen und aus dem Topf nehmen. Verfilzte Wurzeln etwas lockern, damit die Pflanze schneller anwächst.
2. Ein Pflanzloch graben, das etwas größer als der Wurzelballen der Rose ist.
3. Die Rose ins Loch setzen und die Tiefe prüfen. Die Oberkante des Wurzelballens sollte auf Erdniveau liegen. Falls nötig, die Lochtiefe korrigieren.
4. Die Rose einpflanzen, an eine Stütze binden und gut angießen. Im Sommer regelmäßig gießen und düngen. Öfter blühende Sorten ausputzen.
5. Im Spätwinter schneiden. Zuerst abgestorbene und kranke Triebe entfernen, dann die Rose um ein Drittel kürzen, um den Austrieb anzuregen.

1
2
3
4
5

'Little Flirt'

Die gesunde, kräftige 'Little Flirt' ist eine zierliche, lockerbuschige Rose mit orangeroten, halb gefüllten Blüten. Die Kronblätter sind oft gelborange gestreift und haben gelbe Unterseiten. Die blühfreudige Rose bildet den ganzen Sommer lang Gruppen von Blüten, die sich von dem dunkelgrün glänzenden Laub abheben. Sie besitzt eine gute Krankheitsresistenz.

Höhe und Breite
30 × 30 Zentimeter

Standort
volle Sonne

Blütezeit
Frühsommer bis Spätsommer (öfter blühend)

Duft
schwach

KULTUR

In einem Kübel kann diese Rose eine Terrasse beleben (siehe «Rosen im Kübel ziehen», Seite 122). Wer gar keinen Garten hat, kann sie sogar auf dem Balkon in einen Blumenkasten oder eine Ampel pflanzen. Dann ist es wichtig, ein Erdsubstrat zu verwenden und sie regelmäßig zu gießen und zu düngen. 'Little Flirt' eignet sich auch gut für den Vordergrund eines gemischten Beets (siehe «Rosen in gemischten Beeten», Seite 38, und «Zwergrosen pflegen», Seite 82) und kann sogar als niedrige blühende Hecke gehalten werden (siehe «Eine Rosenhecke pflanzen», Seite 130). Die Rose braucht volle Sonne und feuchten, aber durchlässigen, nährstoffreichen Boden oder ein entsprechendes Substrat.

LEGENDÄRER ZÜCHTER

Ralph Moore, der «König der Zwergrosen», züchtete fünfzig Jahre lang ausgezeichnete Zwergrosen, darunter auch 'Little Flirt' im Jahr 1961. Er lebte in den USA und wurde 102 Jahre alt.

Rosa macrophylla

Die Wildrose aus dem Himalaya trägt ihre Blüten einzeln, seltener paarweise oder in Dreiergruppen. Dunkelrosa Knospen öffnen sich zu Blüten in klarem Rosa (gelegentlich Weiß) mit einander überlappenden, gekräuselten Kronblättern und einem Ring aus kurzen, gelben Staubgefäßen im weißen Zentrum. Die Blüten stehen an kräftigen, eleganten, dunkelroten Trieben mit wenigen Stacheln. Im Herbst trägt die Rose attraktive rotviolette Hagebutten in Flaschenform.

Höhe und Breite
3,50 × 3,00 Meter

Standort
volle Sonne

Blütezeit
Sommer

Duft
schwach

KULTUR

Diese dekorative und elegante Rose eignet sich gut für die Mitte oder den hinteren Bereich eines gemischten Beets, wo sie den Blick in die Höhe lenkt (siehe «Rosen in gemischten Beeten», Seite 38). Sie braucht recht viel Platz; man kann ihre langen Triebe aber an einen Obelisken binden, um sie im Zaum zu halten. Am besten gedeiht sie in voller Sonne. Im Schatten bildet sie längere Triebe, aber weniger Blüten. Sie bevorzugt einen feuchten, aber durchlässigen, fruchtbaren Boden.

DER NAME SAGT ES

Der Artname *macrophylla* bedeutet «großblättrig» und spielt auf die Größe der bläulichgrünen Blätter an. Sie können bis zu 25 Zentimeter lang werden, erreichen aber meist 7–15 Zentimeter und bestehen aus 7–11 ovalen Fiederblättern.

'Mrs John Laing'

Diese reich blühende Rose trägt offen schalenförmige, gefüllte Blüten in kräftigem Rosa mit silbrig schimmernden Kronblattunterseiten. Die Blüten erscheinen einzeln oder in kleinen Gruppen an langen Stielen über dem Laub. Die Rose wächst straff aufrecht und ist fast stachellos.

KULTUR

Im Vordergrund eines gemischten Beets kommt diese Rose am besten zur Geltung (siehe «Rosen in gemischten Beeten», Seite 38). Blaue Begleitpflanzen passen besonders gut zu den rosa Blüten von 'Mrs John Laing'. Sie blüht bis in den Herbst hinein, ebenso wie die blau blühenden Perowskien. Darum sind diese beiden ein gutes Gespann. Wegen ihrer geringen Größe passt diese Rose gut in einen Kübel (siehe «Rosen im Kübel ziehen», Seite 122) und kann so eine Terrasse mit Farbe und Duft aufwerten. Am besten gedeiht sie in voller Sonne in nährstoffreichem, feuchtem, aber durchlässigem Boden.

AUS GUTEM HAUSE

Der britische Rosenzüchter Henry Bennett, der 'Mrs John Laing' 1887 züchtete, war ursprünglich Landwirt. Er stellte fest, dass sich seine Kenntnisse der Rinderzucht durchaus auf Rosen übertragen ließen, und schuf die «Pedigree-Hybriden» der Teerose, die später als Teehybriden bekannt wurden.

'Munstead Wood'

Synonym: 'Ausbernard'

Helle karminrote Knospen öffnen sich zu intensiv duftenden, samtig dunkelroten schalenförmigen Blüten . Wenn die Blüten ganz geöffnet sind, sieht man in ihrem Zentrum die goldgelben Staubgefäße, die ihren Charme noch vergrößern. Das Laub ist im Austrieb bronzefarben und färbt sich mit der Reife grün. In beiden Altersstufen harmoniert es sehr gut mit der Blütenfarbe.

Höhe und Breite
1,10 × 1,10 Meter

Standort
volle Sonne

Blütezeit
Frühsommer bis Frühherbst (öfter blühend)

Duft
stark

KULTUR

'Munstead Wood' ist eine niedrige Strauchrose, die sich für den vorderen Bereich eines gemischten Beets (siehe «Rosen in gemischten Beeten», Seite 38) ebenso gut eignet wie für ein reines Rosenbeet. Sie gedeiht gut in einem Kübel (siehe «Rosen im Kübel ziehen», Seite 122), der so platziert werden sollte, dass man den Duft genießen kann. Auch in einem Beet mit Schnittblumen kann diese Rose ihren Platz finden. Sie toleriert alle Bodentypen und gedeiht am besten in voller Sonne.

HERRLICHER DUFT

Diese außergewöhnliche Rose wurde mit vielen Auszeichnungen geehrt, darunter auch einer Goldmedaille für ihren Duft. Benannt wurde sie nach einem denkmalgeschützten Anwesen in der englischen Grafschaft Surrey, das der berühmten Gärtnerin, Gartendesignerin und Autorin Gertrude Jekyll gehörte. Jekyll hat Hunderte von Gärten in aller Welt gestaltet, vor allem in Europa und Amerika.

'Nevada'

Schon im Spätfrühjahr trägt dieser große, rundliche Strauch seine ersten Blüten. Sie sind cremeweiß, halb gefüllt und zeigen im Zentrum leuchtendgelbe Staubgefäße, die sehr hübsch aussehen, aber auch bei Bienen hoch im Kurs stehen. Die Blüten verblassen mit der Reife zu reinem Weiß; bei heißem Wetter sind sie häufig rosa überhaucht.

Höhe und Breite
2,50 × 2,00 Meter

Standort volle Sonne oder Halbschatten

Blütezeit Spätes Frühjahr und Frühherbst (öfter blühend)

Duft
schwach

KULTUR

Wegen ihrer langen Blütezeit ist 'Nevada' eine ideale Kandidatin für ein gemischtes Beet (siehe «Rosen in gemischten Beeten», Seite 38), sollte aber im hinteren Bereich stehen und ausreichend Platz haben. Alternativ kann sie, wenn genug Platz vorhanden ist, als Solitär gepflanzt werden. Weil sie zweimal im Jahr blüht, ist sie ein hervorragender Blickfang. 'Nevada' ist sehr frosttolerant und eignet sich darum besonders gut für Gegenden mit kühlerem Klima. Sie verträgt alle Bodentypen, bevorzugt aber feuchten, gut durchlässigen Boden. Volle Sonne ist am besten; sie gibt sich aber auch mit Halbschatten zufrieden.

SPANISCHE HERKUNFT

Der Name dieser Rose – 'Nevada' – kommt aus dem Spanischen und bedeutet «verschneit». Er spielt auf die schneebedeckten Gipfel der Sierra Nevada in Spanien an, dem Land, in dem sie gezüchtet wurde.

'New Dawn'

'New Dawn' trägt große, blassrosa Blüten mit silbrig-perlmuttigem Schimmer, die den ganzen Sommer über und bis zum ersten Frost oder bis zum Ende der Wachstumssaison in großen Gruppen erscheinen. Auch das Laub besticht mit seiner Schönheit: Es ist im Austrieb bronzefarben bis rot und nimmt mit der Reife ein glänzendes, kräftiges Grün an.

Höhe und Breite
4,50 × 1,50–2,50 Meter

Standort volle Sonne oder Halbschatten

Blütezeit
Frühsommer bis Spätherbst (öfter blühend)

Duft
mittelschwer

KULTUR

Diese Kletterrose wächst in voller Sonne oder im Halbschatten und kann sehr gut mittels eines Spaliers oder waagerechter Spanndrähte an einer Hauswand oder Gartenmauer gezogen werden (siehe «Rosen am Wandspalier», Seite 100). Auch einen Rosenbogen bedeckt diese Rose schnell; ihre Blüten hängen dann dekorativ durch den Bogen nach unten. Diese wüchsige Rose bildet zahlreiche neue Triebe, die im Lauf des Sommers angebunden werden sollten, damit sie nicht durch Wind beschädigt werden. 'New Dawn' gedeiht am besten in fruchtbarem, feuchtem, aber durchlässigem Boden.

DIE ERSTE

1930 ließ Henry Bosenberg aus New Jersey die 'New Dawn' als erste Rose in den USA patentieren. Sie trug die Patentnummer 1. Der Patentschutz ist längst ausgelaufen, aber die Rose ist nach wie vor beliebt und häufig im Handel zu finden.

'Olivia Rose Austin'

Synonym: 'Ausmixture'

Diese schöne Rose mit einer langen Blütezeit trägt Blüten, die wie große runde Schalen geformt und mit zartrosa Blütenblättern gefüllt sind. Der Duft ist angenehm fruchtig. In voller Blüte ist diese mittelgroße Strauchrose fast vollständig von ihren hübschen Blüten bedeckt, die einen reizvollen Kontrast zum dunkelgrünen Laub bilden.

Höhe und Breite
1,10 × 1,00 Meter

Standort volle Sonne oder Halbschatten

Blütezeit
Frühsommer bis Frühherbst (öfter blühend)

Duft
mittelschwer

KULTUR

Für eine Rosenhecke ist 'Olivia Rose Austin' eine gute Wahl (siehe «Eine Rosenhecke pflanzen», Seite 130). Weil sie relativ niedrig bleibt, eignet sie sich auch gut für den vorderen Bereich eines gemischten Beets (siehe «Rosen in gemischten Beeten», Seite 38). Als Hochstamm kann sie einen Blickfang in der Beetmitte bilden oder in einem Kübel auf der Terrasse stehen (siehe «Rosen im Kübel ziehen», Seite 122). 'Olivia Rose Austin' gedeiht auf allen Böden, sogar in sehr nährstoffarmen. Sie bevorzugt volle Sonne, toleriert aber auch Halbschatten.

BESTE GESUNDHEIT
Diese Rose besticht nicht nur mit ihrem guten Aussehen, sondern ist überdies auch völlig krankheitsfrei.

'Oranges and Lemons'

Synonym: 'Macoranlem'

'Oranges and Lemons' ist eine auffällige Rose, die kleine Gruppen aus gelb und orangefarben gestreiften Blüten trägt, wobei der Gelbanteil meist überwiegt. Wie bei allen gestreiften Rosen ist jede Blüte ein Unikat. Das Laub ist im Austrieb mahagonirot und färbt sich dann glänzend grün; es zeichnet sich durch gute Krankheitsresistenz aus.

Höhe und Breite
1,25 × 1,00 Meter

Standort
volle Sonne

Blütezeit
Frühsommer bis Spätherbst (öfter blühend)

Duft
schwach

KULTUR

Diese Rose kann als Solitär in einen Kübel gepflanzt werden (siehe «Rosen im Kübel ziehen», Seite 122), zumal es schwierig ist, zu den ungewöhnlichen Blüten passende Begleitfarben zu finden. Sie sieht aber auch in einem gemischten Beet mit anderen Pflanzen in feurigen Farben oder in einem Rosenbeet in Gelb- und Orangetönen schön aus (siehe «Rosen in gemischten Beeten», Seite 38). Die Färbung entwickelt sich am besten an einem gut belüfteten Platz in voller Sonne. Der Boden muss durchlässig sein, aber ein gutes Wasserhaltevermögen besitzen.

BLICKFANG
Der neuseeländische Züchter Sam McGredy führte diese Rose 1992 ein. Später züchtete er zahlreiche weitere Rosen mit zwei- und mehrfarbigen Blüten, die unter der Bezeichnung «Painted Roses» bekannt wurden.

Erziehung zum Hochstamm

Man unterscheidet zwischen Hochstämmen, die etwa 1,80 Meter hoch sind, und Halbstämmen mit einer Höhe von etwa 75 Zentimetern. Beide eignen sich gut für die Pflanzung in Kübeln (siehe «Rosen im Kübel ziehen», Seite 122).

Für Hochstämme wird als Unterlage üblicherweise die Hunds-Rose *(R. canina)* verwendet; die Krone – meist eine buschige Rose – wird durch Veredelung aufgebracht. Damit die Krone füllig ausfällt, werden meist zwei oder drei Edelreise aufgepfropft, manchmal von verschiedenen Rosensorten.

Es ist auch möglich, ein Hochstämmchen ohne Veredelung selbst zu ziehen; allerdings dauert es etwas länger. Am besten verwendet man dafür einen Steckling (siehe «Stecklingsvermehrung in Wasser», Seite 64) einer öfter blühenden Rose.

Bevor Sie einen bewurzelten Steckling zum Hochstamm erziehen, sollten Sie ihn zwei oder drei Jahre in einem Kübel wachsen lassen, damit er ein kräftiges Wurzelwerk entwickeln kann. Um einen Stamm zu erhalten, schneiden Sie nach dieser Zeit alle Seitentriebe außer den zwei oder drei obersten ab. Dann steckt die Rose ihre Energie ins Höhenwachstum des Stamms. Wenn der Stamm höher wird, binden Sie ihn an eine Stütze, da er anfangs noch nicht standfest ist. Erreicht er die gewünschte Höhe, knipsen Sie die Spitze direkt über einem Blattpaar ab. Lassen Sie zu, dass die fünf oberen Augen Seitentriebe bilden. Alle tieferen Seitentriebe werden entfernt. Wenn die oberen Augen Triebe gebildet haben, schneiden Sie diese zurück, damit sie sich verzweigen. Dadurch erhält der Hochstamm eine schöne runde Kronenform.

A 'Heideröslein Nozomi' wird wegen ihres überhängenden Wuchses als Bodendecker gepflanzt, eignet sich aber auch für ein Hochstämmchen in Trauerform.

B An einem Hochstamm kann man die zierlichen Blüten der beliebten 'Ballerina' auf Augenhöhe betrachten.

C Hochstämme sehen in der Blüte am schönsten aus. Wählen Sie darum eine blühfreudige Pflanze.

D Besonders attraktiv ist ein rosa blühender Hochstamm mit einem «Rahmen» aus akkurat beschnittenem Buchsbaum *(Buxus)*.

'Pour Toi'

Synonym: 'Para Ti'

'Pour Toi' bildet cremeweiße, halb gefüllte, kleine Blüten, die an Teehybriden erinnern. Die Kronblätter werden zur Mitte hin gelb und umrahmen leuchtend gelbe Staubgefäße. Die einzelnen Blüten sind winzig, stehen aber in aufrechten Gruppen und heben sich gut gegen das dunkelgrün glänzende Laub ab. 'Pour Toi' blüht bis zu den ersten Frösten oder bis zum Ende der Vegetationsperiode.

Höhe und Breite
30 x 30 Zentimeter

Standort volle Sonne oder Halbschatten

Blütezeit
Hochsommer bis Spätherbst (öfter blühend)

Duft
schwach

KULTUR

'Pour Toi' pflanzt man am besten als Dreiergruppe. Weil sie so klein ist, fühlt sie sich auch in einem Blumenkasten mit hochwertigem Erdsubstrat wohl (siehe «Rosen im Kübel ziehen», Seite 122). Außerdem eignet sie sich sehr gut für kleine Gärten (siehe «Zwergrosen pflegen», Seite 82): im Vordergrund eines gemischten Beets (siehe «Rosen in gemischten Beeten», Seite 38), in einem Kübel auf der Terrasse oder sogar in einem etwas schattigen Winkel, solange dieser einige Stunden Sonnenlicht pro Tag bekommt. Die Sorte bevorzugt jedoch volle Sonne. Im Beet benötigt sie fruchtbaren, feuchten, aber gut durchlässigen Boden.

LICHTBLICK
'Pour Toi' toleriert auch Halbschatten und bringt mit ihren weißen Blüten Licht in dunklere Gartenbereiche.

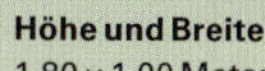

'Paul Neyron'

Die außergewöhnlich großen Blüten von 'Paul Neyron' können einen Durchmesser von 15 Zentimetern und mehr erreichen. Sie sind dunkelrosa, schalenförmig und so dicht gefüllt, dass sie entfernt an Pfingstrosen erinnern. Die Blüten stehen einzeln an Stielen, die keine oder nur wenige rote Stacheln tragen. Die Rose wächst zu einem stattlichen, gut geformten Strauch heran.

Höhe und Breite
1,80 × 1,00 Meter

Standort
volle Sonne

Blütezeit
Frühsommer bis Spätherbst (öfter blühend)

Duft
schwach

KULTUR

Wegen des aufrechten Wuchses und der großen Blüten ist 'Paul Neyron' eine sehr vielseitige Rose für große und kleine Beete (siehe «Rosen in gemischten Beeten», Seite 38). Wenn sie regelmäßig gedüngt und bei heißem Wetter mit ausreichend Wasser versorgt wird, bildet sie viele große Blüten – ihr Markenzeichen. Am besten gedeiht sie in feuchten, aber durchlässigen Böden in voller Sonne.

RIESENBLÜTEN

Bei der Einführung dieser Sorte um die Mitte des 19. Jahrhunderts galten ihre Blüten als die größten der Welt. Über hundert Jahre später wird die Blütengröße noch immer bewundert.

'Gloria Dei'

Synonyme: 'Peace', 'Madame A. Meilland'

Die pastellfarbigen rosa-gelben Blüten werden bis zu 15 Zentimeter groß und sind in allen Stadien attraktiv – von der Knospe bis zur voll ausgereiften Blüte. Die schlüsselblumengelben Blütenblätter sind mit zartem Rosa umrandet. 'Gloria Dei' ist ein wüchsiger, aufrechter Strauch mit glänzendem, dunkelgrünem Laub und guter Krankheitsresistenz.

KULTUR

Ein sonniges gemischtes Beet bietet die idealen Wachstumsbedingungen für diese großblütige Rose (siehe «Rosen in gemischten Beeten», Seite 38). Ihre pastellene Farbgebung passt gut zu blau blühenden Stauden und Sträuchern. Im Kübel oder großen Topf (siehe «Rosen im Kübel ziehen», Seite 122) ist diese Rose eine Bereicherung für die Terrasse. Pflanzen Sie sie in feuchten, aber durchlässigen, nährstoffreichen Boden. 'Gloria Dei' verträgt Halbschatten, bildet aber in voller Sonne größere Blüten.

INTERNATIONALER BESTSELLER

'Gloria Dei' ist wahrscheinlich die bekannteste und meistkultivierte Rosensorte. Weit über hundert Millionen Pflanzen wurden weltweit verkauft.

'Heidekönigin'

Synonyme: 'Pheasant', 'Kordapt'

Tiefrosa gefüllte Blüten, die mit zunehmendem Alter zu einem helleren Rosa verblassen, bilden ein faszinierendes Farbenspiel, wenn die gesamte Rose mit Blüten in verschiedenen Farbstadien bedeckt ist. Die schalenförmigen Blüten stehen in lockeren Gruppen an den langen, bogig überhängenden Trieben. Die Rose blüht erst spät in der Saison und hat meist eine schwächere Nachblüte.

Höhe und Breite
0,75 × 1,80 Meter

Standort volle Sonne oder Halbschatten

Blütezeit
Frühsommer bis Spätherbst (öfter blühend)

Duft
schwach

KULTUR

Diese Bodendeckerrose eignet sich gut zum Pflanzen an einer Böschung oder einem schwer zugänglichen Hang. Ihre langen Blütentriebe sehen auch hinreißend aus, wenn sie von einer Mauer herabhängen (siehe «Rosen am Wandspalier», Seite 100). Auch als lockere, niedrige Hecke kann man diese Rose verwenden (siehe «Eine Rosenhecke pflanzen», Seite 130). Sie gedeiht am besten an einem sonnigen Platz in feuchtem, aber durchlässigem Boden, verträgt aber auch mageren Boden, Halbschatten und Küstenklima.

VIELSEITIG

Mit ihren langen, geschmeidigen Trieben kann 'Heidekönigin' den Boden bedecken, klettern oder herabhängen. Gelegentlich wird sie nicht als Bodendeckerrose, sondern als Rambler-Rose eingestuft.

'Heidetraum'

Synonyme: 'Pink Flower Carpet', 'Noatraum'

Diese blühfreudige Rose trägt kleine, halb gefüllte Blüten, die den ganzen Sommer über in großen Gruppen an ihren Trieben erscheinen. Bei optimalen Bedingungen kann sie einen wahren Blütenteppich bilden. Sie verträgt auch exponierte Lagen (siehe «Rosen für ungeschützte Standorte», Seite 76).

Höhe und Breite
60 × 90 Zentimeter

Standort volle Sonne oder Halbschatten

Blütezeit
Frühsommer bis Spätherbst

Duft
schwach

KULTUR

Diese sehr vielseitige, kleine Rose macht sich gut in einem Topf oder sogar einem Blumenkasten (siehe «Rosen im Kübel ziehen», Seite 122). Wer nur wenig Platz hat, kann sie sogar in eine mit hochwertigem Substrat gefüllte Hängeampel pflanzen. 'Heidetraum' harmoniert mit vielen anderen Pflanzen (siehe «Rosen in gemischten Beeten», Seite 38) und wird auch als Trauerstämmchen angeboten. Sie bevorzugt feuchten, aber durchlässigen, fruchtbaren Boden und kann einen schattigen Platz beleben, sofern dieser einige Sonnenstunden bekommt.

BLÜTENPRACHT
Jedes Jahr bildet diese Zwergstrauchrose Tausende von Blüten, die in Gruppen von bis zu sechzig Einzelblüten stehen.

'Rambling Rector'

'Rambling Rector' trägt zahllose weiße, halb gefüllte Schalenblüten von etwa vier Zentimeter Durchmesser mit leuchtendgelben Staubgefäßen. Die Blüten erscheinen in Gruppen von zehn bis fünfzig Einzelblüten, aus denen sich im Herbst orangefarbene Hagebutten bilden.

KULTUR

Weil 'Rambling Rector' so wüchsig ist und mit den Jahren sehr schwer werden kann, braucht die Rose nicht nur viel Platz, sondern auch eine tragfähige Kletterhilfe. Diese Rose kann man gut an einen Baum pflanzen und sich selbst überlassen – sie wird allmählich die Krone erobern. An einer Wand (siehe «Rosen am Wandspalier», Seite 100) müssen die langen Triebe regelmäßig geschnitten werden, um die Rose im Zaum zu halten. Sie verträgt Sonne und Halbschatten und alle Bodentypen, blüht aber in voller Sonne am reichsten.

BIENENFREUNDLICH
Diese Rambler-Rose unterstützt Nützlinge. Bienen können die Staubgefäße in den offenen Blüten gut erreichen, und die Hagebutten bieten Vögeln im Winter Nahrung.

Rosen am Wandspalier

Wenn eine Kletterrose an einer Mauer, einem Zaun oder einer Pergola richtig gezogen und angebunden wird, wertet sie ihre Umgebung nicht nur mit Farben und Duft auf – sie bildet meist auch mehr Blüten und Triebe. Dazu ist fast immer eine Kletterhilfe notwendig. Wenn eine Kletter- oder Rambler-Rose eine große Wand bedecken soll, sind waagerechte Spanndrähte die beste Wahl. An ihnen werden die Triebe festgebunden, sodass sie seitwärts wachsen. Auf diese Weise wird die Rose bald den zugewiesenen Platz ausfüllen.

Wenn die Kletterhilfe montiert ist, werden die Rosentriebe angebunden. Beginnen Sie unten und arbeiten Sie sich nach oben vor. Die Triebe sollten möglichst waagerecht wachsen, denn dadurch wird der Saftfluss verlangsamt und die Bildung von Seitentrieben angeregt. Und an diesen Seitentrieben werden die Blüten gebildet. Binden Sie die Triebe immer wieder an, bis sie die gewünschte Länge erreicht haben. Dann werden die Spitzen abgeschnitten, um das Längenwachstum zu stoppen. Falls nötig, können die Drähte im Lauf der Saison nachgespannt werden, auch wenn die Rose bereits angebunden ist.

WERKZEUG UND ZUBEHÖR

- Bohrmaschine und Steinbohrer: Wenn Sie auf einer Leiter arbeiten, verwenden Sie ein Gerät mit Akku.
- Plastik- oder Holzdübel: Ich verwende kurze Stücke von alten Bambusstäben.
- Verzinkte Ringschrauben: hier mit hundert Millimeter langem Gewinde.
- Drahtspanner mit Ring und Haken, um die Drähte nachzuspannen, falls sie durchhängen.
- Draht, verzinkt oder mit Plastik ummantelt, 2,5 Millimeter Durchmesser.
- Zange zum Abkneifen des Drahts.
- Gartenschnur aus Jute: Sie hält einige Jahre und ist danach biologisch abbaubar.

1. Zuerst über die ganze Breite der Wand Löcher in Abständen von 45 Zentimetern bohren. Sie sollten etwas länger als das Gewinde an den Ringschrauben sein.
2. In jedes Loch einen Dübel einsetzen, dann eine Ringschraube ganz hineindrehen.
3. Einen Drahtspanner in die Ringschraube einhängen. Ein Stück Draht zuschneiden. Ein Ende durch die Öse des Spanners ziehen und verdrillen. Das andere Ende durch die anderen Ringschrauben fädeln und am Ende der Wand ebenfalls verdrillen.
4. Den Draht mit dem Spanner straffen. Die übrigen Drähte ebenso anbringen.
5. Nun können Sie Ihre Rose anbringen. Die untersten Triebe der Rose mit einem Achterknoten am unteren Spanndraht festbinden. Die höheren Triebe ebenso an den anderen Drähten festbinden.

'Reine des Violettes'

Dichte Gruppen von gekräuselten Blüten in Violett und Magenta schmücken diese begehrte Rose. Jede Blüte verändert vom Erblühen bis zur Vollreife die Farbe. 'Reine des Violettes' ist wüchsig und trägt lange, stachellose Triebe und graugrünes Laub mit guter Krankheitsresistenz.

KULTUR

'Reine des Violettes' braucht viel Wärme und sollte darum an einen Sonnenplatz gepflanzt werden. Ideal ist ein gemischtes Beet (siehe «Rosen in gemischten Beeten», Seite 38); sie kann aber auch in einem Kübel auf einer sonnigen Terrasse stehen (siehe «Rosen im Kübel ziehen», Seite 122), wo man ihre Farbe und ihren Duft aus der Nähe genießen kann. In der Wachstumssaison regelmäßig gießen und düngen. Diese Rose verträgt alle Bodentypen, solange sie durchlässig sind.

KLASSISCHE SCHÖNHEIT

Diese Rose bietet gleich mehrere Merkmale alter Rosen: gekräuselte Blütenblätter, Duft und schalenförmige Blüten.

'Roseraie de l'Haÿ'

Große, gefüllte, rötlich-violette Blüten mit einem wunderbaren Duft erscheinen über einen langen Zeitraum im Sommer in großer Zahl. Wenn die Blüten reifen, wird ihre Farbe blasser und bildet einen schönen Kontrast zu den apfelgrünen Blättern, die sich im Herbst attraktiv rötlich färben. Kartoffel-Rosen *(R. rugosa)* sind für ihre Hagebutten bekannt, aber die Züchtungen, darunter auch 'Roseraie de l'Haÿ', bilden meist weniger und kleinere Hagebutten als die Art selbst.

Höhe und Breite
2 × 2 Meter

Standort volle Sonne oder Halbschatten

Blütezeit
Frühsommer bis Spätsommer (öfter blühend)

Duft
stark

KULTUR

'Roseraie de l'Haÿ' gedeiht gut in sandigem Boden und kommt auch mit exponierten Lagen zurecht (siehe auch «Rosen für ungeschützte Standorte», Seite 76), beispielsweise in Regionen mit Küstenklima. Sie eignet sich hervorragend für Hecken (siehe «Eine Rosenhecke pflanzen», Seite 130) und kann auch mit anderen Sträuchern im Hintergrund eines Beets stehen. Sie bevorzugt Sonne, toleriert aber auch Halbschatten und gedeiht am besten in feuchtem, aber gut durchlässigem Boden.

HERAUSRAGEND
'Roseraie de l'Haÿ' ist zweifellos eine der besten der zahlreichen Rugosa-Hybriden, die alle auf die Wildform *R. rugosa* zurückgehen.

'Rosy Cushion'

Synonym: 'Interall'

Die Rose trägt Gruppen aus 5 bis 25 hübschen, ungefüllten bis leicht gefüllten rosa Blüten mit gelber Mitte und einem Kranz gelber Staubgefäße. Für eine Bodendeckerrose ist sie recht groß, und sie hat einen ausladenden Wuchs. Wenn sie in voller Blüte steht, ist das dunkelgrüne Laub unter den zahllosen Blüten kaum zu sehen.

Höhe und Breite
1,00 × 1,50 Meter

Standort volle Sonne oder Halbschatten

Blütezeit
Frühsommer bis Frühherbst (öfter blühend)

Duft
schwach

KULTUR

Diese relativ große Bodendeckerrose eignet sich gut als Unterpflanzung für höhere Pflanzen in einem gemischten Beet (siehe «Rosen in gemischten Beeten», Seite 38). Wegen ihrer langen Blühsaison sowie des dichten, buschigen und ausladenden Wuchses ist sie auch eine gute Kandidatin für eine blühende Hecke (siehe «Eine Rosenhecke pflanzen», Seite 130). Sie gedeiht am besten in fruchtbarem, feuchtem, durchlässigem Boden in der Sonne, kommt aber auch mit nährstoffärmeren Böden zurecht.

SCHÖNE KOMBINATION
Die rosa geränderten Blüten mit hellerem Zentrum und den feinen, gelben Staubgefäßen bieten den ganzen Sommer lang einen erfreulichen Anblick.

Kastanien-Rose

Rosa roxburghii

Das Erkennungszeichen der Kastanien-Rose sind ihre großen, orangegelben Hagebutten, die mit kurzen Stacheln besetzt sind. Sie bilden sich am Ende des Sommers aus den großen, ungefüllten Blüten in verschiedenen Rosatönen. Alte Triebe entwickeln eine attraktive, rötlichbraune, abblätternde Rinde. Die hohe Strauchrose ist auch an ihren stark bestachelten Trieben und den zahlreichen kleinen Fiederblättern (bis zu 17) gut zu erkennen.

Höhe und Breite
1,50–2,50 ×
1,50–2,50 Meter

Standort
volle Sonne

Blütezeit
Sommer

Duft
schwach

KULTUR

Die Kastanien-Rose ergibt einen guten Blickfang in einem gemischten Beet (siehe «Rosen in gemischten Beeten», Seite 38), eignet sich wegen ihrer stacheligen Triebe aber auch sehr gut als mittelgroße Hecke (siehe «Eine Rosenhecke pflanzen», Seite 130) mit guter Schutzfunktion. Damit die Hagebutten heranreifen können, sollte sie nicht geschnitten werden. Die robuste Rose bevorzugt einen sonnigen Standort mit feuchtem, aber gut durchlässigem Boden, toleriert aber auch Halbschatten und die meisten Böden, selbst wenn sie nährstoffarm sind.

KASTANIEN-HAGEBUTTEN

Die großen, stacheligen Hagebutten sehen den Samenkapseln der Rosskastanie *(Aesculus hippocastanum)* ähnlich und haben einen angenehm fruchtigen Duft, der an reife Ananas erinnert.

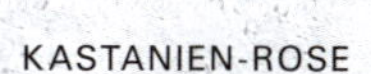

Rosen aus Samen ziehen

Wildrosen lassen sich relativ leicht und ergiebig aus Samen ziehen, und es ist spannend, darauf zu warten, dass die ersten Blättchen erscheinen. Die Aussaat ist zwar keine schnelle Vermehrungsmethode, aber ein guter Weg, um eine große Zahl von Jungpflanzen zu erhalten, beispielsweise viele Hunds-Rosen *(R. canina)* für eine gemischte Hecke (siehe «Eine Rosenhecke pflanzen», Seite 130). Die hier beschriebene Methode eignet sich für alle Wildrosen. Zuchtformen müssen veredelt werden. Dies ist ein anspruchsvolleres Verfahren, auf das wir in diesem Buch nicht eingehen.

Wenn die Hagebutten im Herbst reifen, färben sie sich meist rot oder orange. Jede Hagebutte enthält etwa zehn bis zwanzig Samen. Sammeln Sie die Hagebutten, sobald sie voll ausgereift sind. Dann keimen die Samen meist innerhalb weniger Monate. Lässt man die Hagebutten an der Pflanze trocknen, dauert die Keimung länger, manchmal bis zu zwei Jahre.

Rosensamen keimen sicherer und schneller, wenn sie eine Zeitlang der Kälte ausgesetzt waren. Diesen Vorgang, den man Stratifikation nennt, kann man simulieren, indem man die Samen sechs bis acht Wochen in den Kühlschrank legt. Nach der Aussaat keimen manche Rosen binnen zwölf Wochen, andere brauchen mehr als zwölf Monate.

1. Um die Samen zu gewinnen, weiche Hagebutten zwischen den Fingern zerdrücken, härtere mit einem Messer aufschneiden.
2. Die Samen bis zu 24 Stunden in sauberem Wasser einweichen. Dadurch werden sie gereinigt, und man kann die Keimfähigkeit prüfen: Samen, die aufschwimmen, keimen normalerweise nicht und können weggeworfen werden.
3. Die Samen mit einer Handvoll Perlit oder Vermiculit in einen Gefrierbeutel füllen, gut schütteln und mit etwas Wasser anfeuchten. Den Beutel verschließen und mit Art und Datum beschriften, dann zur Stratifikation für sechs bis acht Wochen in den Kühlschrank legen.
4. Eine flache Schale mit Aussaatsubstrat (oder Universalsubstrat und Perlit im Verhältnis 1:1) füllen. Die stratifizierten Samen gleichmäßig auf der Oberfläche verteilen.
5. Die Samen mit drei bis fünf Millimetern Vermiculit oder Aussaatsubstrat bedecken und anfeuchten. In ein kühles Gewächshaus oder auf eine helle Fensterbank stellen.
6. Wenn die Sämlinge zwei oder drei echte Blätter haben, können sie vorsichtig pikiert und in Einzeltöpfe gesetzt werden.

1

2

3

4

5

6

Kartoffel-Rose

Rosa rugosa

Diese Wildrose bildet im Frühjahr leuchtendgrüne Blätter und trägt vom Frühsommer bis in den Herbst dunkelrosafarbene duftende Blüten. Die Blütenfarbe ist etwas variabel. Wer auf einheitliche Färbung Wert legt, kann *R. r.* 'Rubra' mit pinkfarbenen Blüten oder *R. r.* 'Alba' mit weißen Blüten wählen. Die Blätter der sehr frosttoleranten und krankheitsresistenten Rose färben sich im Herbst gelb; die Hagebutten sind rund und rot oder orangefarben.

Höhe und Breite
1,50 × 1,50 Meter

Standort volle Sonne oder Halbschatten

Blütezeit
Frühsommer bis Frühherbst

Duft
stark

KULTUR

Die Kartoffel-Rose wird im Volksmund auch als «Heckenrose» bezeichnet, weil sie sich mit ihren stark bestachelten Trieben sehr gut für Begrenzungen eignet. Nützlingen bietet eine solche Hecke Unterschlupf (siehe «Eine Rosenhecke pflanzen», Seite 130), Vögel finden darin Nistplätze. Die Kartoffel-Rose gedeiht in voller Sonne oder im Halbschatten auf allen Böden und verträgt auch salzige Küstenluft.

VITAMINBOMBEN

Hagebutten wurden wegen ihres hohen Vitamin-C-Gehalts in Kriegs- und Mangelzeiten geschätzt, als frisches Obst und Gemüse knapp waren. Sie enthalten die Samen der Pflanze, aus denen man Nachwuchs heranziehen kann (siehe «Rosen aus Samen ziehen», Seite 106).

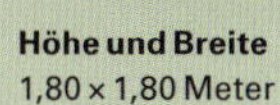

'Sally Holmes'

'Sally Holmes' bildet große Gruppen von bis zu vierzig rosafarbene Knospen, die sich zu großen, halb gefüllten, cremeweißen Blüten öffnen. Gelegentlich sind die Blüten hellrosa überhaucht. Die Rose ist kräftig und gesund und trägt glänzende Blätter. Wenn die verwelkten Blüten nicht entfernt werden, entwickeln sich im Herbst zahlreiche Hagebutten.

Höhe und Breite
1,80 × 1,80 Meter

Standort
volle Sonne

Blütezeit
Frühsommer bis Frühherbst (öfter blühend)

Duft
schwach

KULTUR

'Sally Holmes' ist eine große Strauchrose und eignet sich darum gut als Solitärpflanze. Sie kann aber auch mit anderen Sträuchern und Stauden kombiniert (siehe «Rosen in gemischten Beeten», Seite 38) oder als hohe, blühende Hecke gepflanzt werden (siehe «Eine Rosenhecke pflanzen», Seite 130). Gelegentlich kann Sternrußtau auftreten (siehe Seite 137), doch wenn die Rose an einem vollsonnigen Platz steht, ist dieses Risiko gering. Ideal ist feuchter, gut durchlässiger Boden, 'Sally Holmes' toleriert aber auch die meisten anderen Böden, sofern sie nicht zu schwer oder staunass sind.

GROSSE EHRE
Nur einer handverlesenen Zahl von Rosen wurde die Auszeichnung «Weltrose» der World Federation of Rose Societies verliehen. 'Sally Holmes' wurde diese Ehre 2012 zuteil.

'Scepter'd Isle'

Synonym: 'Ausland'

Zahlreiche schalenförmige Blüten an langen Stielen bedecken in der Hochblüte in kleinen Gruppen diese aufrecht wachsende Strauchrose fast vollständig. Die Blüten sind rosafarben und stark gefüllt. Zur Mitte hin wird die Färbung intensiver, und wenn die Blüten vollständig geöffnet sind, sieht man in der Mitte die goldgelben Staubgefäße. Die buschig-aufrechte Rose zeichnet sich durch gute Krankheitsresistenz aus.

Höhe und Breite
1,25 × 1,25 Meter

Standort volle Sonne oder Halbschatten

Blütezeit
Frühsommer bis Frühherbst (öfter blühend)

Duft
stark

KULTUR

In einem gemischten Beet (siehe «Rosen in gemischten Beeten», Seite 38) harmonieren rosa blühende Rosen besonders gut mit blauen und violetten Begleitpflanzen, etwa violettem Storchschnabel oder Zierlauch, aber auch Lavendel. 'Scepter'd Isle' macht auch in einem reinen Rosenbeet eine gute Figur. Sie gedeiht im Kübel (siehe «Rosen im Kübel ziehen», Seite 122) und kann als Hecke von mittlerer Höhe gepflanzt werden (siehe «Eine Rosenhecke pflanzen», Seite 130). Die Rose bevorzugt volle Sonne, gedeiht aber auch im Halbschatten und verträgt alle Bodentypen.

SHAKESPEARE

William Shakespeare bezeichnet in seinem Drama *Richard II.* England als «Scepter'd Isle» (bezepterte Insel): «Dieser glorreiche Königs-Thron, diese bezepterte Insel (...), dieses andre Eden, dieses feste Castell, das die Natur für sich selbst aufgeworfen hat (...).»

Rosa setipoda

Diese Rose trägt kleine Gruppen aus bis zu fünf Einzelblüten in Rosa oder Rosa-Violett. Ein schöner Anblick sind die dunkelroten, borstigen Hagebutten, die im Herbst in großer Zahl an den langen, bogig überhängenden, spärlich bestachelten Trieben hängen. Die Früchte sind urnen- oder flaschenförmig und zweieinhalb bis fünf Zentimeter lang.

Höhe und Breite
2 × 2 Meter

Standort
volle Sonne

Blütezeit
Hochsommer

Duft
schwach

KULTUR

Dies ist eine schöne Rose für einen wilderen Teil des Gartens, in dem sie ungeschnitten bleiben kann, sodass sich nach der Blüte die Hagebutten bilden. Abgestorbene Triebe sollten dennoch von Zeit zu Zeit entfernt werden. Die Rose wächst im Halbschatten, blüht in voller Sonne aber besser. Sie verträgt die meisten Böden, bevorzugt jedoch satten, nährstoffreichen Boden.

FUNDSTÜCK AUS CHINA

Diese Rose stammt von den Hügeln Westchinas, wo der Pflanzensammler Ernest Wilson sie entdeckte, der ihre Samen 1901 nach England brachte. Die daraus gezogenen Pflanzen blühten erstmals 1909.

'Shropshire Lass'

'Shropshire Lass' blüht nur einmal im Frühsommer. Dann trägt die Rose zahlreiche große Gruppen von ungefüllten rosa Blüten, die mit der Reife zu Weiß verblassen. Im Zentrum jeder Blüte stehen auffällige goldgelbe Staubgefäße, die große Anziehungskraft auf Bienen und Schmetterlinge besitzen. Die Rose ist sehr frosttolerant, wüchsig und krankheitsresistent.

Höhe und Breite
4,50 x 1,50 Meter

Standort
volle Sonne oder Halbschatten

Blütezeit
Frühsommer

Duft
mittelschwer

KULTUR

'Shropshire Lass' kann an Mauern oder Zäunen gezogen werden (siehe «Rosen am Wandspalier», Seite 100), aber auch an einem Rosenbogen oder einer Pergola. Kombiniert man sie mit einer spät blühenden Waldreben-Art wie der Italienischen Waldrebe, folgt nach der Rosenblüte ein zweiter Blütenflor. Die Rose braucht nicht ausgeputzt zu werden, weil sie nur einmal blüht. So kann sie im Herbst ihre leuchtend orangefarbenen Hagebutten bilden. 'Shropshire Lass' bevorzugt volle Sonne, wächst aber auch im Halbschatten. Sie gedeiht auf allen Böden.

JUNG GEBLIEBEN
'Shropshire Lass' wurde vor über fünfzig Jahren eingeführt, ist aber noch immer eine sehr beliebte Gartenrose.

'Silver Jubilee'

Diese Rose ist ein wahrer Dauerblüher. Sie bildet einen stattlichen, kräftigen, aufrechten Strauch mit Gruppen von bis zu fünf großen Blüten an jedem Stiel, die manchmal fast die ganze Pflanze bedecken. Die Farbe der Blüten mit hoher Mitte liegt zwischen Apricot und Rosa.

KULTUR

Pflanzen Sie diese Rose in den Vordergrund eines gemischten Beets oder an einen Weg, damit man den Duft gut wahrnehmen kann (siehe «Rosen in gemischten Beeten», Seite 38). 'Silver Jubilee' gedeiht gut in einem Kübel auf der Terrasse (siehe «Rosen im Kübel ziehen», Seite 122) und ist auch als Schnittblume geeignet. Fruchtbarer, feuchter, aber gut durchlässiger Boden und volle Sonne hat sie am liebsten; sie verträgt aber auch etwas Schatten. Diese Rose ist etwas anfällig für Sternrußtau (siehe Seite 137). Wenn Sie nur wenige Pflanzen haben, entfernen Sie die befallenen Blätter von Hand; alternativ kann mit einem Fungizid gespritzt werden.

THRONJUBILÄUM

Diese Teehybride erhielt ihren Namen 1978 zum Gedenken an den 25. Jahrestag der Krönung der englischen Königin Ellsabeth II.

Blütenblätter konservieren

Rosenblütenblätter kann man kandieren und als Dekoration für Torten und Desserts verwenden. Verarbeitet man sie zu einem Potpourri, kann man in den Wintermonaten dekorative Schalen mit duftenden Blütenblättern in die Wohnung stellen. Ein selbst gemachtes Potpourri ist auch ein schönes Geschenk.

ROSEN-POTPOURRI

Etwa ein Dutzend Rosenblüten genügen, um eine kleine Schale zu füllen. Weil die Blütenblätter beim Trocknen auf etwa ein Drittel ihrer ursprünglichen Größe schrumpfen, müssen Sie mehr Blüten sammeln, um eine größere Schale zu füllen oder die getrockneten Blütenblätter in Gläsern aufzubewahren.

Am besten sieht das Potpourri aus, wenn Sie farbige Rosenblüten sammeln. Weiße und cremefarbene Blütenblätter werden beim Trocknen bräunlich und etwas unansehnlich, während rote Blütenblätter ein tieferes Rot oder Burgunderrot annehmen. Es sieht auch sehr attraktiv aus, wenn Sie getrocknete Rosenknospen unter Ihr Potpourri mischen.

Sie können Potpourris nur aus Rosen herstellen oder sie mit anderen getrockneten Blumen wie Lavendel oder Römischer Kamille mischen. Getrocknete Ringelblumenblüten behalten ihre Farbe gut und steuern satte Gelb- und Orangetöne bei. Wer Zitrusdüfte mag, kann getrocknete Zitronen- und Orangenschalen zugeben.

Um den Duft zusätzlich anzureichern, können Sie trockene Holzspäne leicht mit Duftölen beträufeln und dann in das Potpourri mischen.

KANDIERTE ROSENBLÜTENBLÄTTER

Die Blütenblätter wie für ein Potpourri sammeln und trocknen. Mit einer Pinzette ein getrocknetes Blütenblatt aufnehmen und mit einem kleinen Pinsel beide Seiten mit Eiweiß bemalen. (Für eine vegane Alternative verwenden Sie Aquafaba anstelle von Eiweiß.) Beide Seiten mit Puderzucker bestreuen und die Blütenblätter mit etwas Abstand auf Pergamentpapier legen. Trocknen lassen.

1. Die Rosenblüten morgens sammeln, nachdem der Morgentau abgetrocknet ist.
2. Die Blütenblätter in einem warmen Raum auf Zeitungspapier oder Pappe ausbreiten. Täglich wenden, damit sie gleichmäßig trocknen.
3. Trockene Blütenblätter aussortieren und in ein luftdicht schließendes Gefäß füllen. Die übrigen Blütenblätter weiter trocknen lassen. Die Farben bleiben besser erhalten, wenn das Glas in einen dunklen Raum gestellt wird.
4. Wenn alle Blütenblätter getrocknet sind, können sie weiterverarbeitet werden.

'Soleil d'Or'

'Soleil d'Or' bildet große, gefüllte Blüten in Orange und Gelb, die zur Mitte hin ein dunkleres Apricot annehmen. Sie stehen in kleinen Gruppen über dem tiefgrünen Laub und können in der Form variieren – von offener Schalenform bis zu dicht gefüllten Blüten mit gekräuselten, nach innen gekrümmten Kronblättern.

KULTUR

Diese Rose braucht einen trockenen, sonnigen und offenen Standort im Garten, da ihre Blüten bei nasskalter Witterung zur Fäulnis neigen. Wenn diese Bedingungen erfüllt sind, kann sie in einem gemischten Beet mit anderen Sträuchern, Stauden oder Rosen kombiniert werden (siehe «Rosen in gemischten Beeten», Seite 38). Ideal ist die Pflanzung im Kübel (siehe «Rosen im Kübel ziehen», Seite 122) da man die Rose so stets an den Platz stellen kann, der ihr am besten zusagt. Im Beet benötigt sie nährstoffreichen, feuchten, aber gut durchlässigen Boden.

DIE ERSTE IHRER ART

'Soleil d'Or' war die erste öfter blühende, winterharte Rose mit orange-gelben Blüten. Sie entstand 1900 als Zufallshybride in der Gärtnerei des französischen Rosenzüchters Joseph Pernet-Ducher.

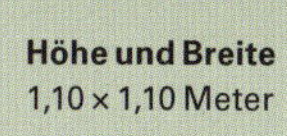

'Sophy's Rose'

Synonym: 'Auslot'

Die karminroten Blüten von 'Sophy's Rose' sind rosettenförmig mit zurückgeschlagenen Blütenblatträndern. Die Gesamtform der Blüten unterscheidet sich von vielen anderen Rosen, weil die Größe der Blütenblätter zu den äußeren Blütenblättern hin zunimmt. Die stattlichen Blütengruppen heben sich gut von dem mittelgrünen Laub ab.

Höhe und Breite
1,10 × 1,10 Meter

Standort
volle Sonne

Blütezeit
Frühsommer bis Frühherbst (öfter blühend)

Duft
schwach

KULTUR

'Sophy's Rose' bildet einen kompakten, buschigen Strauch, der den ganzen Sommer über Blüten trägt. Sie eignet sich daher hervorragend für den vorderen Teil eines gemischten Beetes (siehe «Rosen in gemischten Beeten», Seite 38) oder als Hecke (siehe «Eine Rosenhecke pflanzen», Seite 130). Diese Rose wird am besten in voller Sonne gepflanzt, kommt aber auch mit etwas Schatten zurecht. Sie wächst am besten in fruchtbarem, gut durchlässigem Boden mit ausreichender Drainage, toleriert aber auch andere Böden. Dabei gilt: Je besser der Boden, desto reicher die Blüte.

ETWAS ANDERS
Die hübschen Blüten von 'Sophy's Rose' unterscheiden sich von denen der meisten anderen englischen Rosen. Voll aufgeblüht erinnern sie entfernt an Dahlien.

'Souvenir de la Malmaison'

'Souvenir de la Malmaison' trägt große, gefüllte Blüten in Hellrosa mit dunklerem Zentrum. Jede Blüte ist etwa zehn Zentimeter groß, in der Vollreife flach geöffnet und geviertelt. Leider sind die zartfarbigen Blütenblätter sehr regenanfällig.

Höhe und Breite
1 × 1 Meter

Standort
volle Sonne

Blütezeit
Frühsommer bis Frühherbst (öfter blühend)

Duft
stark

KULTUR

Dies ist definitiv eine Rose für einen sonnigen, heißen und luftigen Platz im Garten. Die gute Luftzirkulation ist eine wichtige Vorbeugemaßnahme gegen Mehltau (siehe Seite 137) auf den glänzenden Blättern, der in kühl-feuchter Umgebung leicht auftreten kann. 'Souvenir de la Malmaison' bevorzugt feuchten, aber durchlässigen Boden. Sie toleriert auch andere Böden, bleibt dann aber meist kleiner.

KLASSISCHE ELEGANZ

Der französische Rosenzüchter Jean Béluze züchtete diese Rose 1843 und benannte sie nach dem berühmten Rosengarten, den Kaiserin Joséphine (die Ehefrau Napoleons) zwischen 1804 und 1814 beim Château de Malmaison bei Paris anlegte.

'Souvenir du Docteur Jamain'

'Souvenir du Docteur Jamain' ist eine der dunkelsten roten Rosen. Ihre satt karminroten Blüten werden mit zunehmender Reife noch dunkler. Wie bei vielen Remontantrosen sind die Stiele fast stachellos. Der Wuchs kann etwas hager ausfallen, aber wegen der herrlichen Farbe und des Dufts ist die Beliebtheit dieser Rose ungebrochen.

Höhe und Breite
3,00 × 1,25 Meter

Standort volle Sonne oder Halbschatten

Blütezeit
Hochsommer bis Spätherbst (öfter blühend)

Duft
stark

KULTUR

Diese Rose eignet sich ausgezeichnet als Blickfang in einem Beet. Wegen ihrer langen, dünnen Triebe kann man 'Souvenir du Docteur Jamain' wie eine kleine Kletterrose ziehen; allerdings ist sie nicht wüchsig genug, um eine Wand zu bedecken. Sie bildet mehr Blüten, wenn man ihre Triebe am Boden anpflockt (siehe Seite 25). Am besten gedeiht sie in durchlässigem, nährstoffreichem Boden in voller Sonne; sie toleriert aber auch ein gewisses Maß an Schatten (siehe «Rosen für schattige Standorte», Seite 54).

SAMTIGE PRACHT

'Souvenir du Docteur Jamain' war eine Lieblingsrose der englischen Schriftstellerin und Gartengestalterin Vita Sackville-West, die sie in ihrem Garten auf Sissinghurst Castle in Kent hielt. Ihr Garten war und ist berühmt für seine Rosen. Heute wird er vom National Trust verwaltet.

Bibernell-Rose

Rosa spinosissima

Die Bibernell-Rose ist eine zähe Rosenart mit schlanken, aufrechten Trieben und kleinen, geraden, steifen Stacheln. Sie bildet häufig Wildtriebe und trägt schalenförmige, süß duftende Blüten, die meist weiß sind, aber auch gelb, rosa, rot und mauvefarben sein können. Die Blätter bestehen aus zierlichen, abgerundeten Fiederblättern.

Höhe und Breite
1,00 × 1,00–1,50 Meter

Standort
volle Sonne

Blütezeit
Frühsommer

Duft
schwach

KULTUR

Mit ihren Wildtrieben eignet sich die Bibernell-Rose gut eine als Bodendecker, kann aber auch als Hecke gepflanzt werden (siehe «Eine Rosenhecke pflanzen», Seite 130). Am besten gedeiht sie in voller Sonne in gut durchlässigem Boden; sie toleriert aber auch etwas Schatten. Weil ihr flache Böden, Salz und Trockenheit wenig ausmachen, eignet sie sich gut für Küstenlagen (siehe «Rosen für ungeschützte Standorte», Seite 76). Um ihre Ausbreitung einzudämmen, kann man die Wildtriebe mit einem Spaten abstechen.

UNGEWÖHNLICHE FARBE
Die meisten Hagebutten sind rot oder orangefarben. Die Bibernell-Rose bildet jedoch wunderschöne kastanienfarbene bis schwärzliche Früchte.

'Stars 'n' Stripes'

Diese zauberhafte Rose trägt erstaunlich auffällige Blüten in Karminrot und Weiß mit einem Durchmesser von nur etwa zwei Zentimetern. Jede Blüte ist ein Unikat, wenngleich meist mehr weiße als rote Streifen vorhanden sind. Gruppen von drei bis fünf Blüten stehen auf relativ langen Stielen, die fast stachellos sind.

Höhe und Breite
30 × 30 Zentimeter

Standort
volle Sonne

Blütezeit
Frühsommer bis Frühherbst (öfter blühend)

Duft
schwach

KULTUR

Pflanzen Sie diese Rose im Kübel oder Topf an einen sonnigen Platz (siehe «Rosen im Kübel ziehen», Seite 122) oder an den vorderen Rand eines sonnigen gemischten Beetes oder einer Rabatte (siehe «Rosen in gemischten Beeten», Seite 38, und «Zwergrosen pflegen», Seite 82). 'Stars 'n' Stripes' braucht volle Sonne und einen fruchtbaren, feuchten, aber durchlässigen Boden, um ihre volle Blühleistung zu bringen. Sie gedeiht sogar in einem Blumenkasten mit hochwertigem Substrat in Gesellschaft anderer Blumen, wenn sie im Sommer regelmäßig gegossen und gedüngt wird. Durch Ausputzen wird das Bilden neuer Blüten angeregt.

UNTYPISCH
'Stars 'n' Stripes' hat einen sehr aufrechten Wuchs und kann bei optimalen Bedingungen vergessen, dass sie eine Zwergrose ist: Sie kann bis zu einem Meter hoch werden.

Rosen im Kübel ziehen

Auch wenn Sie keinen Garten haben, sondern nur eine Terrasse oder einen Balkon, müssen Sie auf Rosen nicht verzichten. Viele schöne Rosen gedeihen auch in Kübeln aus Terrakotta, glasierter Keramik, Holz, Fiberglas oder Kunststoff. Die meisten Zwerg- und Patiorosen geben sich sogar mit einem großen Topf, einem Blumenkasten, einer Ampel oder einem anderen Gefäß zufrieden. Wichtig ist, dass sie genügend Platz zum Wachsen haben, ausreichend Licht bekommen, in feuchter, aber gut durchlässiger Erde stehen und während der Wachstumsperiode regelmäßig gewässert und gedüngt werden.

Zahlreiche Sorten, darunter auch zwerg- und kleinwüchsige Kletterrosen, wurden speziell für die Kultur im Kübel entwickelt. Aber auch viele der kleineren, buschigen Strauchrosen fühlen sich in einem Kübel wohl, wenn sie an einem sonnigen Platz stehen, der mindestens die Hälfte des Tages Sonne abbekommt.

Wer ein lebhafteres Farbenspiel mag, kann mehrere Gefäße mit verschiedenen Rosen – darunter auch Hoch- und Halbstämmchen – miteinander kombinieren.

ROSEN FÜR KÜBEL VON 25–40 × 25–40 ZENTIMETERN GRÖSSE

'Flower Power Gold': kompakte Patiorose mit duftenden goldgelben, gefüllten Blüten; öfter blühend, gute Krankheitsresistenz

'Perle d'Or': öfter blühende Zwerg-Polyantha mit langstieligen Blüten in warmem Apricot, das mit der Reife zu Cremeweiß verblasst

'Peter Pan': Patiorose mit Gruppen aus kleinen dunkelroten, gefüllten Blüten und winzigen glänzenden Blättern

'Regensberg': Patiorose mit Gruppen duftender rosafarbener Blüten mit weißen Rändern; gute Krankheitsresistenz

'White Pet': Halbstämmchen mit großen Gruppen duftender, weißer Blüten in Pompomform

ROSEN FÜR KÜBEL AB 50 ZENTIMETERN GRÖSSE

'Ballerina': oft als Hochstämmchen erzogen; trägt den ganzen Sommer lang zahlreiche kleine Blüten in Rosa

'Princess Anne': Strauchrose mit Gruppen duftender dunkelrosafarbener Blüten, die mit der Reife blasser werden

'Princess of Wales': buschige Rose mit Gruppen cremeweißer Knospen, die sich zu schneeweißen, duftenden Blüten entfalten

'Robin Redbreast': öfter blühende Zwergstrauchrose mit leuchtend roten Blüten mit gelber Mitte

'Summertime': bis zu zwei Meter hohe Patio-Kletterrose mit Gruppen kleiner, cremeweißer Blüten

1. Wählen Sie zuerst die Rose aus, denn sie bestimmt die Art und Größe des Kübels (meist gilt: je größer, desto besser). Stellen Sie große Kübel zuerst an den endgültigen Platz, denn sie lassen sich kaum noch bewegen, wenn sie erst mit Substrat gefüllt sind.
2. Stellen Sie den Kübel auf Füßchen, um Staunässe zu vermeiden. Eine Schicht groben Kieses auf dem Kübelboden verbessert die Dränage. Füllen Sie dann bis zur Hälfte Substrat in den Kübel und drücken es leicht an.
3. Setzen Sie die Rose mittig in den Topf und prüfen Sie die Höhe. Es muss genug Platz für eine fünf Zentimeter dicke Mulchschicht bleiben.
4. Füllen Sie Substrat um die Rosenwurzel herum ein und drücken Sie es zwischendurch an. Verteilen Sie zuletzt eine Mulchschicht und gießen Sie die Rose gründlich.

'Sweet Dream'

Synonym: 'Fryminicot'

Diese beliebte Patiorose trägt gefüllte, schalenförmige Blüten in hellem Orange, die in der Mitte dunkler sind und zu den äußeren Blütenblättern hin zu einer helleren Aprikosen- bis Pfirsichfarbe verblassen. Die Blüten erscheinen in Gruppen fast kontinuierlich bis in den Spätherbst. Sie bilden einen schönen Kontrast zu dem glänzenden, dunkelgrünen Laub.

Höhe und Breite
45 x 30 Zentimeter

Standort
volle Sonne

Blütezeit
Hochsommer bis Spätherbst (öfter blühend)

Duft
schwach

KULTUR

Wegen ihres buschig-aufrechten Wuchses eignet sich 'Sweet Dream' gut für einen großen Kübel (siehe «Rosen im Kübel ziehen», Seite 122). Sie kann auch im vorderen Bereich eines Rosenbeetes oder eines gemischten Beetes stehen (siehe «Rosen in gemischten Beeten», Seite 38). Besonders schön sieht sie mit Begleitpflanzen aus, die in der Komplementärfarbe Blau blühen. 'Sweet Dream' eignet sich sogar für eine kleine, lockere Hecke (siehe «Eine Rosenhecke pflanzen», Seite 130). Am besten gedeiht sie in voller Sonne und feuchtem, aber durchlässigem, fruchtbarem Boden; sie wächst aber auch in allen anderen Bodenarten.

SCHNITTBLUMEN IM KÜBEL

Ziehen Sie diese Rose als Schnittblume. Schon eine Blütengruppe von 'Sweet Dream' füllt eine kleine Vase, sie eignet sich aber auch ausgezeichnet für größere Blumensträuße.

'The Albrighton Rambler'

Synonym: 'Ausmobile'

Mit ihren kleinen, schalenförmigen gefüllten Blüten aus rosa Kronblättern, die ein zentrales Knopfauge umrahmen, sieht 'The Albrighton Rambler' wie eine alte Rose aus. Tatsächlich blüht sie aber öfter, was bei Rambler-Rosen ungewöhnlich ist. Die Blütengruppen hängen elegant von den überhängenden Trieben herab. Die Rose ist gesund und besitzt eine gute Krankheitsresistenz.

KULTUR

Dies ist eine ideale Rambler-Rose für den kleinen Garten. Da sie kleiner und weniger hin wüchsig ist als die meisten Rambler-Rosen, kann sie an einen Rosenbogen gepflanzt werden oder eine Mauer begrünen (siehe «Rosen am Wandspalier», Seite 100). Die Rose ist aber auch groß genug, um einen Hauseingang zu umrahmen oder in einem gemischten Beet an einem Obelisken als Blickfang zu dienen (siehe «Rosen in gemischten Beeten», Seite 38). 'The Albrighton Rambler' gedeiht sowohl in voller Sonne als auch im Halbschatten. Sie verträgt alle Bodenarten, bevorzugt aber fruchtbaren, feuchten und gut durchlässigen Boden.

MULTITALENT

'The Albrighton Rambler' besitzt den Charme alter Rosen und die Blüten einer Englischen Rose, blüht mehrmals und hat einen feinen Moschusduft.

'The Generous Gardener'

Synonym: 'Ausdrawn'

'The Generous Gardener' hat dicht gefüllte Blüten in zartem Rosa. Die äußeren Kronblätter sind lockerer angeordnet als die inneren. Wenn die Blüten ganz geöffnet sind, erinnern sie mit ihren goldgelben Staubgefäßen im Zentrum an Seerosenblüten. Die Blüten stehen einzeln oder in kleinen Gruppen an kräftigen, bogigen, meist stachellosen Trieben. Diese Rose hat eine sehr gute Krankheitsresistenz.

Höhe und Breite
4,50 × 1,50 Meter

Standort volle Sonne oder Halbschatten

Blütezeit
Frühsommer bis Frühherbst (öfter blühend)

Duft
stark

KULTUR

'The Generous Gardener' kann an einer Wand oder an einem Zaun im Hintergrund eines Beets gezogen werden (siehe «Rosen am Wandspalier», Seite 100), aber auch an einem Rosenbogen oder einer Pergola. Sie eignet sich aber auch hervorragend als duftender Rahmen für eine Tür. Weil die Rose wüchsig ist, müssen neue Triebe regelmäßig angebunden werden. Am besten gedeiht sie in voller Sonne in fruchtbarem, feuchtem, aber durchlässigem Boden; sie gibt sich jedoch auch mit Halbschatten zufrieden.

JUBILÄUMSROSE

'The Generous Gardener' wurde anlässlich des 75-jährigen Bestehens des National Garden Scheme im Jahr 2002 benannt. Im Rahmen dieses Programms sind viele schöne Privatgärten in England und Wales an vorher angekündigten Tagen, hauptsächlich im Sommer, für die Öffentlichkeit zugänglich.

'The Lady Gardener'

Synonym: 'Ausbrass'

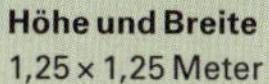

Höhe und Breite
1,25 × 1,25 Meter

Standort volle Sonne oder Halbschatten

Blütezeit
Frühsommer bis Frühherbst (öfter blühend)

Duft
mittelschwer

Dieser unglaublich blühfreudige, buschig-aufrechte Strauch bildet den Sommer über unermüdlich kleine Gruppen gefüllter Blüten von etwa zehn Zentimetern Durchmesser. Die apricotfarbenen Blüten fallen ins Auge, da sie in der Mitte eine tiefere Farbe haben und zu den äußeren Blütenblättern hin verblassen.

KULTUR

Dies ist eine enorm vielseitige Rose. Wegen ihrer Blühfreude und Größe eignet sie sich gut für eine mittelgroße Hecke (siehe «Eine Rosenhecke pflanzen», Seite 130). Sie kann aber auch als Farbakzent im Vordergrund eines gemischten Beetes stehen (siehe «Rosen in gemischten Beeten», Seite 38) oder im Kübel (siehe «Rosen im Kübel ziehen», Seite 122) auf der Terrasse – am besten so, dass man ihren Duft aus der Nähe wahrnehmen kann. 'The Lady Gardener' bevorzugt einen feuchten, aber durchlässigen Boden und Sonne, verträgt aber auch Halbschatten und alle Bodenarten.

RAFFINIERTER DUFT
Der Duft von 'The Lady Gardener' vereint Noten von Grüntee, Vanille und Zedernholz – fast wie ein guter Wein.

'The Poet's Wife'

Synonym: 'Auswhirl'

'The Poet's Wife' bildet mit ihren bogigen Trieben einen rundlichen Strauch. Die Rose trägt Gruppen gefüllter gelber Blüten, die mit der Reife zu Cremeweiß verblassen. Die Blüten erscheinen unermüdlich über einen langen Zeitraum und heben sich schön von dem grün glänzenden Laub ab, das eine gute Krankheitsresistenz aufweist.

Höhe und Breite
1,10 × 1,10 Meter

Standort volle Sonne oder Halbschatten

Blütezeit
Frühsommer bis Frühherbst (öfter blühend)

Duft
stark

KULTUR

Diese Rose gedeiht gut im Halbschatten und eignet sich daher gut für die Kultur im Kübel auf einer Terrasse, die nur einige Sonnenstunden am Tag bekommt (siehe «Rosen im Kübel ziehen», Seite 122). Wegen ihrer niedrigen, rundlichen Form kann sie auch im vorderen Bereich eines gemischten Beets stehen. 'The Poet's Wife' wächst in voller Sonne ebenso gut wie im Halbschatten, aber bei viel Sonne verblassen die Blüten etwas schneller. Pflanzen Sie diese Rose in nährstoffreichen, feuchten, aber gut durchlässigen Boden.

STIMMIGES GANZES

Der intensive fruchtige Duft mit Anklängen an Zitrone passt hervorragend zur gelben Blütenfarbe dieser Rose.

'The Queen Elizabeth Rose'

Synonym: 'Queen Elizabeth'

'The Queen Elizabeth Rose' blüht ausdauernd und reich über einen langen Zeitraum. Wie viele Floribundarosen eignet sie sich gut zum Schnitt, denn die hellrosa Blüten stehen meist in Gruppen, seltener einzeln, an langen Stielen. Die Rose wächst aufrecht, und die Blüten stehen deutlich über dem dunkelgrünen Laub.

Höhe und Breite
1,80 × 1,25 Meter

Standort volle Sonne oder Halbschatten

Blütezeit
Frühsommer bis Spätherbst (öfter blühend)

Duft
schwach

KULTUR

Wegen ihrer Höhe ist 'The Queen Elizabeth Rose' eine Rose für den hinteren Bereich eines Beets. Sie sieht in Kombination mit anderen Sträuchern und Stauden gut aus (siehe «Rosen in gemischten Beeten», Seite 38), eignet sich wegen ihrer großen Stacheln aber auch gut als hohe Begrenzungshecke (siehe «Eine Rosenhecke pflanzen», Seite 130). Sie gedeiht am besten in nährstoffreicher, feuchter und durchlässiger Erde, stellt aber keine hohen Ansprüche und toleriert auch mageren Boden und Halbschatten.

WELTWEIT BELIEBT
'The Queen Elizabeth Rose' wurde 1954 in Amerika gezüchtet und zunächst als Grandiflorarose klassifiziert. Sie ist bis heute beliebt und wird auf der ganzen Welt kultiviert. In England entstand 1965 aus einem Sport die Sorte 'White Queen Elizabeth'.

Eine Rosenhecke pflanzen

Eine Rosenhecke kann Sichtschutz bieten oder die Grundstücksgrenze sichern und dabei auch noch großartig aussehen. Viele Rosen sind für diesen Zweck geeignet, beispielsweise Floribundarosen wie 'The Queen Elizabeth Rose', da sie den ganzen Sommer über unermüdlich Gruppen von Blüten bilden. Alternativ können Strauchrosen wie 'Kew Gardens' verwendet werden, die bis in den Herbst hinein kleine weiße Blüten trägt. Eine Wildrosenhecke aus Kartoffel-Rosen *(R. rugosa)* sieht vielleicht nicht ganz so ordentlich aus, bietet aber Vögeln und anderen Tieren Unterschlupf und Nistplätze. Ihre ungefüllten Blüten sind wertvoll für Bienen, und die Hagebutten dienen Vögeln als Nahrung. Wenn Sie verschiedene Farben kombinieren möchten, sollten Sie Arten und Sorten wählen, die gleich hoch und breit wachsen, denn das erleichtert die Pflege der Hecke.

Für eine Hecke können Sie wurzelnackte Rosen oder Containerware verwenden. Wurzelnackte Rosen sind deutlich preiswerter und meist in größerer Auswahl erhältlich. Messen Sie die Länge der gewünschten Hecke aus, damit Sie die richtige Anzahl von Pflanzen ermitteln und bestellen können. Der Abstand zwischen den Rosen sollte 45 bis 60 Zentimeter betragen.

Vor Eintreffen der Rosen wird der Boden vorbereitet (siehe «Pflanzung», Seite 23). Nach dem Umgraben der Pflanzfläche für die Hecke spannen Sie eine Schnur zwischen zwei Pflöcken. Stecken Sie entlang der Schnur an der Pflanzposition jeder Rose einen Stock in den Boden. Nach der Pflanzung jede Rose gut wässern und mulchen.

Im Gegensatz zu herkömmlichen Hecken müssen Rosenhecken den ganzen Sommer über gewässert und gepflegt werden. Sie können eine Rosenhecke mit einer elektrischen Heckenschere, mit einer Rosen- oder einer Astschere schneiden.

1. Messen Sie zuerst die Länge der geplanten Hecke, um die Anzahl der erforderlichen Pflanzen zu berechnen. Die Abstände sollten 45 bis 60 cm betragen. Damit die Hecke gerade wird, pflanzen Sie entlang einer Schnur, die zwischen Pflöcken gespannt wird.
2. Pflanzen Sie die Rosen in den markierten Abständen entlang der Schnur.
3. Anschließend gründlich gießen und mulchen. Regelmäßig bewässern, bis die Pflanzen gut angewachsen sind. In späteren Jahren muss im Sommer bewässert werden.

1

1

'Trumpeter'

Synonyme: 'Mactru', 'Mactrum'

Dies ist eine sehr blühfreudige Zwergstrauchrose mit zinnoberroten, gefüllten Blüten von fünf bis sieben Zentimetern Durchmesser, die in großer Zahl den ganzen Sommer hindurch und bis in den Herbst erscheinen. Das Laub hat im Austrieb eine attraktive rötlich-violette Färbung und zeichnet sich durch gute Krankheitsresistenz aus.

KULTUR

Weil 'Trumpeter' relativ klein ist, eignet sich die Rose sehr gut für die Pflanzung in einem Kübel (siehe «Rosen im Kübel ziehen», Seite 122), der an einem sonnigen Platz stehen sollte. Die Rose kann aber auch für eine Hecke verwendet werden (siehe «Eine Rosenhecke pflanzen», Seite 130), für sich allein stehen oder mit Rosen ähnlicher Größe kombiniert werden. Im Vordergrund eines gemischten Beets (siehe «Rosen in gemischten Beeten», Seite 38) bildet sie mit ihrer intensiven Farbe einen guten Blickfang. 'Trumpeter' bevorzugt einen Standort mit voller Sonne und nährstoffreichem, feuchtem, aber gut durchlässigem Boden, gedeiht allerdings auch im Halbschatten.

KLEIN, ABER OHO!
Wegen ihrer kompakten Größe ist 'Trumpeter' eine gute Wahl für einen kleinen Garten mit begrenzter Pflanzfläche.

'William Lobb'

Synonyme: 'Old Velvet Moss', 'Duchesse d'Istrie'

Diese hohe Strauchrose trägt auf langen, borstigen Stielen große Gruppen gefüllter Blüten in Violett, die mit der Reife verschiedene Farbtöne durchlaufen und schließlich zu einem Grauton verblassen. Die moosartige Umhüllung der Stiele und Knospen besteht aus borstigen Härchen.

Höhe und Breite
2,50 × 1,80 Meter

Standort
volle Sonne oder Halbschatten

Blütezeit
Frühsommer

Duft
stark

KULTUR

Diese Rose muss gestützt werden und steht am besten im hinteren Bereich eines gemischten Beets, wo sie mit ihrer Höhe einen guten Hintergrund für andere Sträucher und Stauden abgibt (siehe «Rosen in gemischten Beeten», Seite 38). 'William Lobb' kann auch wie eine niedrige Kletterrose an einem Zaun oder einem Obelisken gezogen werden. Die robuste Rose kommt mit Böden aller Art zurecht und gedeiht in der Sonne und im Halbschatten.

PFLANZEN-SAMMLER

Der aus Cornwall stammende William Lobb (1809–1864) war in Süd- und Nordamerika als Pflanzensammler für die berühmte englische Baumschule Veitch & Sons tätig. Diese Rose wurde 1855 von einem französischen Rosenzüchter nach ihm benannt.

Chinesische Gold-Rose

R. hugonis, Synonym: *Rosa xanthina*

Diese schöne Rose trägt an langen, überhängenden, mahagoniroten Trieben mit fein gefiedertem Laub ungefüllte schalenförmige Blüten in zartem Gelb. Dass sie nur einmal blüht, macht sie dadurch wett, dass sie besonders früh in der Saison Blüten trägt. Die kleinen Hagebutten sind dunkelrot und in der Vollreife fast schwarz.

Höhe und Breite
2,50 × 2,50 Meter

Standort
volle Sonne

Blütezeit
spätes Frühjahr

Duft
schwach

KULTUR

Weil die Rose mit ihren bogig überhängenden Trieben eine rundliche Form hat, kann sie gut als Solitär stehen, sodass man sie von allen Seiten sieht. Sie eignet sich gut für eine Wildrosenhecke (siehe «Eine Rosenhecke pflanzen», Seite 130) und gedeiht wegen ihrer Salztoleranz auch in Küstenregionen. Sie bevorzugt volle Sonne und feuchten, aber gut durchlässigen Boden.

DAS ORIGINAL

Die erste Chinesische Gold-Rose wurde in den Royal Botanic Gardens in Kew kultiviert. Sie wurde aus Samen herangezogen, die der Missionar Father Hugh (oder Hugo) Scallan 1899 aus China, der Heimat der Rose, nach England schickte.

'Zéphirine Drouhin'

Synonyme: 'Belle Dijonaise', 'Charles Bonnet', 'Mme Gustave Bonnet', 'Ingegnoli Predilatta'

Die locker gefüllten Blüten dieser Rose sind dunkelrosa und besitzen einen herrlich intensiven, süßen Duft. Die lange Blühsaison beginnt im Frühsommer und dauert bis zum ersten Frost oder zum Ende der Vegetationsperiode an. Die vielseitige Rose kann als großer Strauch gehalten oder als Kletterrose gezogen werden. Leider ist 'Zéphirine Drouhin' sehr anfällig für Mehltau (siehe Seite 137).

Höhe und Breite
4,50 × 2,50 Meter

Standort volle Sonne oder Halbschatten

Blütezeit
Frühsommer bis Spätherbst (öfter blühend)

Duft
stark

KULTUR

Um Mehltau vorzubeugen, sollte 'Zéphirine Drouhin' an einen Platz mit guter Luftzirkulation gepflanzt werden. Das gilt vor allem, wenn sie an einer Wand (siehe «Rosen am Wandspalier», Seite 100) oder einem Pfeiler klettern soll. Auch ausreichend Wasser, besonders in trockenen Perioden, beugt dem Mehltau vor. Sie muss unbedingt in feuchten, aber durchlässigen Boden gepflanzt werden. An den Nährstoffgehalt stellt sie keine großen Ansprüche. 'Zéphirine Drouhin' toleriert auch einen schattigen Standort.

NAHEZU VERLETZUNGSFREI
'Zéphirine Drouhin' ist unter den stachellosen Rosen eine der schönsten. Aber Achtung: Vereinzelte Stacheln kommen trotzdem vor.

Probleme und Lösungen

Wie alle Pflanzen können auch Rosen von Krankheiten und Schädlingen befallen werden; bei Wildrosen treten solche Probleme allerdings eher seltener auf. Dennoch gilt hier die Regel: «Vorbeugen ist besser als heilen». Damit eine Rose gute Lebensbedingungen hat, muss sie korrekt gepflanzt, bewässert und gedüngt werden (siehe «Pflanzung», Seite 23, und «Pflege nach der Pflanzung», Seite 27). Dann wird sie kräftig wachsen, dadurch besser gegen Krankheiten und Schädlinge gewappnet sein und bei guter regelmäßiger Pflege den ganzen Sommer lang Freude machen.

Auf den folgenden Seiten werden einige typische Rosenprobleme vorgestellt, und Sie erfahren, wie man ihnen begegnen kann – auf biologischem Wege, mit chemischen Mitteln oder auch beidem.

Schäden durch späten Frost können mit Krankheitssymptomen verwechselt werden. Nachtfrost im späten Frühjahr kann bewirken, dass die Blätter Schaden nehmen. Sie können runzlig werden bzw. braune Flecken oder Ränder bekommen. Diese Symptome ähneln den ersten Anzeichen von Sternrußtau (siehe rechts), der jedoch erst später in der Saison auftritt, vorwiegend im Frühsommer.

KULTURPROBLEME

Wer seine Rosen im Auge behält und regelmäßig und sorgfältig pflegt, kann Probleme frühzeitig erkennen und behandeln, bevor sie außer Kontrolle geraten. Das kommt der Gesundheit der Rosen zugute, spart aber auch viel Zeit und Mühe, die für die Behandlung größerer Probleme nötig wären.

Chlorose

Chlorose (Bleichsucht) kann durch ein Virus oder durch Nährstoffmangel verursacht werden. Sie kann in verschiedenen Formen auftreten: von Flecken auf den Blättern bis hin zu Streifen- und Linienmustern (siehe Seite 138). Bei Virusbefall müssen die betroffenen Teile entfernt werden. Durch Nährstoffmangel verursachte Chlorose zeigt sich oft durch ein Vergilben zwischen den Blattadern. Bei jungen Blättern ist häufig Eisenmangel die Ursache; bei älteren Blättern können ein Mangel an Magnesium oder Mangan die Probleme auslösen.

Eine Rotfärbung der Blätter wird häufig durch Stickstoffmangel verursacht. Ob und welche Korrekturen notwendig sind, lässt sich durch eine Bodenuntersuchung feststellen. Eine Analyse in einem professionellen Prüflabor kann teuer sein – Testsets für den Eigengebrauch sind preiswerter und einfach zu verwenden.

Bodenmüdigkeit (Wuchsdepression)

Über die Hintergründe dieses Problems ist wenig bekannt. Es kann auftreten, wenn Pflanzen an dieselbe Stelle und in dieselbe Erde gepflanzt werden wie eine vorherige Pflanze der gleichen Familie. Wenn man also eine Rose entfernt und eine neue Rose an denselben Platz setzen möchte, empfiehlt es sich, einen Teil der Erde auszutauschen. Die auszutauschende Menge sollte etwa das Anderthalbfache des Volumens der Wurzeln bzw. des Wurzelballens Ihrer neuen Rose ausmachen. Die neue Erde sollten Sie mit verrottetem Kompost anreichern und gut einarbeiten, damit die neue Rose gute Startbedingungen vorfindet.

Wildtriebe
Bei Rosen, deren Sorten auf Unterlagen einer anderen Art veredelt wurden, kann es vorkommen, dass sich unterhalb der Veredelungsstelle Triebe aus der Unterlage bilden. Sie sehen deutlich anders aus als die Triebe der Kultursorte, sind meist kräftiger und sollten direkt an der Basis mit einer Gartenschere entfernt werden. Wildtriebe können sich auch aus flachen Wurzeln entwickeln, die beim Jäten beschädigt werden. Legen Sie die Stelle frei, an welcher der Wildtrieb aus der Hauptwurzel entspringt, und reißen Sie ihn ab, um das Nachwachsen zu verhindern.

KRANKHEITEN

Die meisten neuen Rosensorten werden mit Blick auf Krankheitsresistenz gezüchtet, sodass normalerweise weniger Probleme auftreten als bei älteren Sorten. Weil sich aber auch die Krankheitserreger verändern, kann die Resistenz der Pflanzen nicht immer garantiert werden. Es gibt drei Hauptkrankheiten, auf die man achten sollte.

Sternrußtau
Diese Krankheit ist besonders problematisch, und sie kann zur ernsten Gefahr werden, wenn mehrere Rosen in unmittelbarer Nachbarschaft stehen. Der Verursacher ist der Pilz *Diplocarpon rosae.* Er infiziert die Blätter und verringert die Fähigkeit der Pflanze zur Fotosynthese. Dadurch wird das Wachstum gehemmt. Die Pilzsporen werden über die Luft übertragen und keimen, wenn die Temperaturen um 21 °C liegen und gleichzeitig durch Regen oder Tau ein Milieu entsteht, das die Blätter über längere Zeit feucht hält. Unter diesen Bedingungen kann sich der Pilz schnell auf einer Pflanze ausbreiten und auch auf benachbarte Pflanzen übergreifen.

Der Befall äußert sich durch schwarze Flecken auf den Blättern, die größer werden, wenn sich der Pilz ausbreitet (siehe Seite 138). In der Folge werden die Blätter um die Flecken herum gelb und fallen schließlich ab. Auch junge grüne Triebe können befallen werden. Stark befallene Pflanzen können den Großteil ihrer Blätter verlieren. Solche Pflanzen gräbt man am besten aus und vernichtet sie.

Im biologischen Garten ist gute Hygiene die beste Art der Vorbeugung. Sammeln Sie am Ende jeder Saison alle abgefallenen Blätter ein oder bedecken sie mit Mulch, da die Sporen absterben, sobald die Blätter verrottet sind. Entfernen Sie alle Triebe mit sichtbaren Schäden, ebenso einen Teil der ältere, borkigen Triebe, an denen die Sporen überwintern können.

Im Fachhandel sind chemische Fungizide gegen den Sternrußtau erhältlich. Sie werden eingesetzt, um die Ausbreitung der Krankheit einzuschränken, sollten also bei den ersten Anzeichen der Krankheit eingesetzt werden (sie sind kein Heilmittel, da sich infizierte Blätter nicht erholen).

Mehltau
Es gibt verschiedene Mehltau-Arten, die unterschiedliche Wirtspflanzen befallen. Bei Rosen tritt der Echte Rosentaupilz *(Podosphaera pannosa)* auf. Er äußert sich wie alle Mehltau-Arten durch einen weißlichen

Sternrußtau ist eine Pilzkrankheit, die Rosenblätter befällt und die Wuchskraft der Pflanze schwächt.

Rosenrost äußert sich durch orangegelbe Flecken, die vom Frühjahr bis zum Blattfall im Herbst auftreten können.

Chlorose wird meist durch Nährstoffmangel verursacht und äußert sich durch Vergilben der Blätter.

oder hellgrauen, pulvrigen Belag auf Blättern, Trieben und Blüten.

Der Pilz tritt vor allem in Perioden mit hohen Tagestemperaturen und kühlen, feuchten Nächten auf. Bei starkem Befall rollen sich auch junge Blätter ein und verkrüppeln, und Knospen öffnen sich nicht. Kletterrosen, die an einer Wand mit eingeschränkter Luftbewegung stehen, sind besonders gefährdet.

Zur Vorbeugung empfiehlt es sich, Rosen in die volle Sonne zu pflanzen und auf eine gute Luftzirkulation um die Pflanzen herum zu achten. Beim Rückschnitt sollte das Zentrum der Pflanze gelichtet werden, damit die Luft zirkulieren kann und die Blätter nach Regen oder nach dem Gießen schnell abtrocknen (siehe «Rückschnitt», Seite 28). Gießen Sie Rosen morgens oder abends, und achten Sie darauf, die Blätter nicht zu benetzen.

Es gibt chemiefreie und umweltfreundliche Produkte, die den Mehltau reduzieren und auch einige Schädlinge wie Blattläuse bekämpfen. Eine gute Vorbeugungsmaßnahme ist es, Ihre Rose an eine sonnige Wand zu pflanzen und eine Sorte mit glänzenden Blättern zu wählen, beispielsweise 'New Dawn' (siehe Seite 89).

Rosenrost

Der Erreger dieser Pilzkrankheit trägt den Namen *Phragmidium tuberculatum.* Er befällt vor allem Rosenblätter, in schweren Fällen aber auch die Triebe und manchmal sogar die Blüten. Er äußert sich durch orangefarbene Flecken auf den Blattunterseiten, die wie Rostpickel aussehen, und kann vom Frühjahr bis zum Herbst auftreten. Stark befallene Pflanzen werfen die Blätter oft verfrüht ab. Glücklicherweise sind viele neuere Züchtungen resistent gegen Rost. Die beste Möglichkeit, dieser Krankheit vorzubeugen, ist es also, resistente Sorten zu wählen. Wenn nur eine oder zwei Rosen betroffen sind, können erkrankte Blätter entfernt und vernichtet werden. Es gibt zwar chemische Fungizide gegen diese Krankheit, doch sie sollten das letzte Mittel sein. Sorgfältige Pflege und gute Hygiene machen die Verwendung chemischer Produkte oft überflüssig.

Rosenkrebs
Dieses Problem kann auftreten, wenn älteres Holz beschädigt wurde und das Gewebe unter der Rinde freiliegt, sodass krebserregende Pilze ins Gewebe eindringen können. Mögliche Folgen sind geschwollene Auswüchse oder Bereiche mit abgestorbener Rinde. Zwei häufige Ursachen für diese Erkrankung sind unsaubere Werkzeuge, mit denen der Pilz von einer Rose auf die andere übertragen wird, und frischer Mulch mit direktem Kontakt zu den Trieben, der die Rinde aufweicht und den Erregern Zutritt verschafft. Die beste Lösung ist es, befallene Triebe oder Abschnitte mit sauberem Werkzeug zu entfernen.

SCHÄDLINGE

An Rosen können verschiedene Schädlinge auftreten. Die meisten können auch andere Gartenpflanzen befallen.

Blattläuse
Schwarze und grüne Blattläuse zählen zu den häufigsten Schädlingen. Sie befallen Wildrosen und Kulturformen. Unter den zahlreichen Blattlausarten ist vor allem die Große Rosenblattlaus *(Macrosiphum rosae)* zu nennen, die einen rosafarbenen Körper hat. Alle Blattläuse sind saugende Insekten, die bevorzugt den jungen Blattaustrieb und die Knospen befallen. Sie saugen den Saft der Pflanze und verursachen dadurch Krüppelwuchs. Außerdem siedeln sich auf ihren klebrigen Ausscheidungen, dem Honigtau, besonders leicht Pilzerreger an.

Die Eier von Blattläusen überwintern oft in den Ritzen der Rinde alter Triebe. Im Frühjahr schlüpfen die ungeflügelten weiblichen Tiere, die lebende Junge zur Welt bringen und sich dadurch schnell verbreiten. In großen Populationen entstehen geflügelte weibliche Tiere, die auf andere Pflanzen abwandern. Später im Jahr entstehen die geflügelten männlichen Tiere, und nach der Paarung schließt sich der Zyklus mit der Eiablage.

Marienkäfer (und ihre Larven) sowie die Larven von Schwebfliegen und Florfliegen sind natürliche Feinde der Blattläuse, können den Befall aber meist nicht regulieren. Zur Bekämpfung kann ein natürliches Spritzmittel mit Pyrethrum verwendet werden. Synthetische Spritzmittel sind länger wirksam, sollten aber nur im Notfall eingesetzt werden.

Achtung: Blühende Pflanzen niemals mit Insektiziden spritzen, weil dabei auch Bestäuber getötet werden können!

Raupen
Verschiedene Raupen fressen gern Rosenblätter. Der Befall ist leicht an angefressenen Blatträndern zu erkennen. Solange der Befall noch gering ist, können die Raupen von Hand abgesammelt werden.

Hirsche
Bei kalter Witterung können äsende Hirsche erheblichen Schaden an Rosen anrichten. Wirksame Abhilfe schafft nur ein stabiler Zaun. Alternativ kann man die Rosen mit Netzen schützen, die bis über die Kopfhöhe der Tiere hinausreichen.

Blattschneiderbienen
Kreisförmige Löcher in Rosenblättern sind das Werk von Blattschneiderbienen, die Material zum Auskleiden ihrer Niströhren sammeln. Der Schaden sieht nicht schön aus, ist aber von kurzer Dauer und kann ignoriert werden.

Arbeiten im Jahreslauf

WINTER

Im Winter beginnt der Arbeitszyklus im Rosengarten.

- Pflanzen Sie wurzelnackte Rosen (auch Stämmchen), die vorher bestellt wurden. Gießen Sie diese gründlich an und schneiden beschädigte Triebe zurück.
- Schneiden Sie alle Rosen. Schneiden Sie einen oder zwei alte Triebe direkt an der Basis ab, um die Durchlüftung zu verbessern und die Bildung neuer, kräftiger Triebe anzuregen.
- Entfernen Sie alle alten Blätter, weil in ihnen Schädlinge oder Krankheitserreger überwintern können.
- Sammeln Sie abgefallene Blätter auf und vernichten diese – am besten ist es, sie zu verbrennen.
- Kontrollieren Sie die Pflanzen auf Witterungsschäden. Achten Sie vor allem darauf, ob sich Wurzeln durch starken Wind gelockert haben. Drücken Sie die Wurzeln wieder an und stützen die Rosen bei Bedarf, bis sie sich wieder fest verwurzelt haben.
- Kontrollieren Sie, ob die Baumbinder von Hochstämmchen die nächste Saison durchhalten. Erneuern Sie zu eng sitzende Baumbinder.
- Säubern und warten Sie das Werkzeug. Zerlegen Sie Rosenscheren, säubern die Metallteile mit Stahlwolle, schärfen die Klingen und fetten die Federn. Bauen Sie die Scheren dann wieder zusammen, damit sie im Frühjahr einsatzbereit sind.

FRÜHJAHR

Jetzt haben Sie die letzte Chance, wurzelnackte Rosen zu kaufen. Sie sollten sofort gepflanzt werden, bevor ihre Ruhezeit endet.

- Entfernen Sie Unkraut von Hand oder mit einer einfachen Hacke. Düngen und mulchen Sie die Rosen. Wenn sie aus der Winterruhe erwachen, können sie eine Extraportion Nährstoffe gut gebrauchen.
- Achten Sie vor allem bei ungewöhnlich milder Witterung auf Krankheiten und Schädlinge. Durch frühzeitige Bekämpfung lassen sich größere Probleme vermeiden.
- Rosen, die anfällig für Sternrußtau (siehe Seite 137) oder Rosenrost (siehe Seite 138) sind, können ab jetzt alle zwei Wochen mit einem Fungizid gespritzt werden.
- Studieren Sie das Angebot in Gartencentern und Gärtnereien und machen Sie Pläne für den Sommergarten.
- Containerrosen werden jetzt gepflanzt.
- Wässern Sie alle Rosen bei Trockenheit gut. Gießen Sie dabei immer in den Wurzelbereich.

SOMMER

Jetzt stehen die Rosen in voller Blüte.

- Putzen Sie die Pflanzen regelmäßig aus, damit die Rosen immer gepflegt aussehen (es sei denn, Sie möchten, dass sich aus den verwelkten Blüten Hagebutten entwickeln).

Binden Sie Triebe von Kletterrosen regelmäßig an, solange sie noch jung und geschmeidig sind.

Mulchen Sie im Herbst den Boden um die Rosen, um ihn vor winterlichen Frösten zu schützen.

- Gießen Sie Rosen in Kübeln und anderen Gefäßen regelmäßig und düngen Sie alle zwei Wochen.
- Achten Sie auf Rosenblattläuse (siehe «Blattläuse», Seite 139), die sich im Sommer stark vermehren können. Falls bei starkem Befall ein Insektizid verwendet werden soll, spritzen Sie unbedingt abends, wenn nur wenige Bestäuber aktiv sind.
- Binden Sie neue Triebe von Kletterrosen an, solange sie noch weich und geschmeidig sind.
- Schneiden oder reißen Sie Wildtriebe so früh wie möglich sauber ab. Sie bilden sich vor allem an den Haupttrieben und können die Rose schwächen, sodass sie weniger Blüten bildet.
- Wenn die Abende kühler werden, sollten Sie auf Mehltau achten. Warme Tage und kühle Nächte begünstigen dessen Auftreten. Setzen Sie, falls nötig, ein Fungizid ein.

HERBST

Viele Rosen blühen noch. Durch regelmäßiges Ausputzen lässt sich die Blüte verlängern.

- Behandeln Sie Mehltau weiterhin, falls der Befall stark ist.
- Stellen Sie sechs Wochen, bevor mit dem ersten Frost zu rechnen ist, das Düngen ein.
- Entfernen Sie abgefallenes Laub rings um die Rosen gründlich, weil darin Krankheitserreger und Schädlinge überwintern können.
- Mulchen Sie den Boden um die Pflanzen, um ihn vor Frösten zu schützen.
- Bestellen Sie neue Rosen. Wurzelnackte Rosen sind ab Ende Herbst erhältlich und sollten gepflanzt werden, solange der Boden noch etwas warm ist. So wachsen sie leichter an.

Register

Kursiv gedruckte Seitenzahlen verweisen auf Bildunterschriften, **fett** gedruckte auf Haupteinträge.

1. Auflage 2022

ISBN 978-3-258-08259-2

Aus dem Englischen übersetzt von Wiebke Krabbe, D-Damlos
Lektorat der deutschsprachigen Ausgabe: Dietlind Grüne, D-Heidelberg
Satz der deutschsprachigen Ausgabe:
Die Werkstatt Medien-Produktion GmbH, D-Göttingen
Design: Arianna Osti

Konzept, Gestaltung und Produktion: Frances Lincoln,
an imprint of the Quarto Group
The Old Brewery, 6 Blundell Street London, N7 9BH, United Kingdom
www.QuartoKnows.com

Die englischsprachige Originalausgabe erschien 2021 unter dem Titel *The Kew Gardener's Guide to Growing Roses* bei Frances Lincoln, einem Imprint der Quarto Publishing Group.

Printed in China

Um lange Transportwege zu vermeiden, hätten wir dieses Buch gerne in Europa gedruckt. Bei Lizenzausgaben wie diesem Buch entscheidet jedoch der Originalverlag über den Druckort. Der Haupt Verlag kompensiert mit einem freiwilligen Beitrag zum Klimaschutz die durch den Transport verursachten CO_2-Emissionen. Wir verwenden FSC®-Papier. FSC® sichert die Nutzung der Wälder gemäß sozialen, ökonomischen und ökologischen Kriterien.

Diese Publikation ist in der Deutschen Nationalbibliografie verzeichnet. Mehr Informationen dazu finden Sie unter http://dnb.dnb.de.

Wir verlegen mit Freude und großem Engagement unsere Bücher. Daher freuen wir uns immer über Anregungen zum Programm und schätzen Hinweise auf Fehler im Buch, sollten uns welche unterlaufen sein. Falls Sie regelmäßig Informationen über die aktuellen Titel im Bereich Gestalten erhalten möchten, folgen Sie uns über Social Media oder bleiben Sie via Newsletter auf dem neuesten Stand!

www.haupt.ch

BILDNACHWEIS

o. = oben, u. = unten, M. = Mitte,
l. = links, r. = rechts
Alle Fotos © Tony Hall, ausgenommen:
© **Alamy** 22 Elizabeth Whiting & Associates; 24 l. Dorling Kindersley Ltd; 24 r. Purple Marbles Garden; 39 u. John Gollop; 43 RM Floral; 71 Alan Kean; 93 o. r. A. D. Fletcher; 93 M. r. Authenticimages; 93 u. garfotos; 124 Maria Green; 131 u. Avalon
© **Emma Crawforth** 55, 65 u. l., 101, 107 M. r.
© **GAP Photos** 28; 39 o. l. Howard Rice; 39 o. r. Friedrich Strauss; 39 M. Nicola Stocken; 50 Clive Nichols; 81 Nova Photo Graphik; 84 Friedrich Strauss; 93 o. l. John Glover; 94 Howard Rice; 97 Charles Hawes; 131 o. l.
© **The Garden Collection** 25 Derek St Romaine 77 o. l.; o. r.; M. l.; u. Biosphoto
© **Getty Images** 37 Welcome to Iva's World
© **Shutterstock** 35 Marcin Mierzejewski; 36 Pamka; 41 Bildagentur Zoonar GmbH; 44 LesiChkalll27; 56 LesiChkalll27; 57 Elliotte Rusty Harold; 62 Alexander Denisenko; 66 Peter Turner Photography; 79 JosieKaren; 98 Gerry Burrows; 125 Richard Karl Gregg; 131o. r. Olga_Ionina